21世纪工程管理新形态教材

电力市场风险管理
售电公司的机遇与挑战

喻小宝　何璞玉 ◎ 编　著

清华大学出版社

北京

内 容 简 介

我国正在加快建设全国统一电力市场体系,新一轮电力市场改革面临更多挑战,伴随各种风险。本书从电力市场构成出发,针对交易主体和交易行为中存在的风险进行概述,旨在让读者对电力市场风险有初步的了解和认识。

本书可供从事电力相关领域的人员使用,也可供高等院校经管专业学生学习。

本书封面贴有清华大学出版社防伪标签,无标签者不得销售。
版权所有,侵权必究。举报: 010-62782989, beiqinquan@tup.tsinghua.edu.cn。

图书在版编目(CIP)数据

电力市场风险管理: 售电公司的机遇与挑战 / 喻小宝,何璞玉编著. —北京: 清华大学出版社, 2023.8

21世纪工程管理新形态教材

ISBN 978-7-302-64303-6

Ⅰ. ①电… Ⅱ. ①喻… ②何… Ⅲ. ①电力市场—风险管理—研究—中国—教材 Ⅳ. ① F426.61

中国国家版本馆 CIP 数据核字 (2023) 第 139209 号

责任编辑: 刘志彬
封面设计: 汉风唐韵
版式设计: 方加青
责任校对: 王荣静
责任印制: 刘海龙

出版发行: 清华大学出版社
  网　　址: http://www.tup.com.cn, http://www.wqbook.com
  地　　址: 北京清华大学学研大厦A座　　**邮　编:** 100084
  社 总 机: 010-83470000　　**邮　购:** 010-62786544
  投稿与读者服务: 010-62776969, c-service@tup.tsinghua.edu.cn
  质 量 反 馈: 010-62772015, zhiliang@tup.tsinghua.edu.cn
印 装 者: 天津鑫丰华印务有限公司
经　　销: 全国新华书店
开　　本: 185mm×260mm　　**印　张:** 12　　**字　数:** 223千字
版　　次: 2023年9月第1版　　**印　次:** 2023年9月第1次印刷
定　　价: 49.00元

产品编号: 095738-01

前言

2020年9月22日，习近平主席在第七十五届联合国大会一般性辩论上的讲话中指出，中国将提高国家自主贡献力度，采取更加有力的政策和措施，二氧化碳排放力争于2030年达到峰值，努力争取2060年前实现碳中和。自"3060"目标提出以来，实现"双碳"，能源是主战场，电力是主力军。《中共中央 国务院关于加快建设全国统一大市场的意见》明确提出，建设全国统一能源市场，健全多层次统一电力市场体系。电力市场的建设并非一朝一夕可完成，需要不断探索，在摸索中前行，因而，围绕电力市场建设进行的研发与研究工作十分重要。为了更好地建立统一电力市场体系，科学系统的管理理论与方法不可或缺，科学预防电力市场中潜在风险尤为重要。例如，交易主体信用度风险，当市场开放后，如何考核交易主体信用度，对于电力交易和运行安全非常重要；电力用户作为市场主体之一，其行为也存在风险，规避或降低这种风险可以考虑出台差异化用电套餐，捆绑销售模式，从而降低电量波动风险。因此，本书在概述电力市场风险理论与方法的基础上，选取几个重要的风险点，介绍一些规避或降低风险的方法，为后续研究提供参考。

本书第1章为概述部分，重点对风险管理的本质与目标进行概述；第2章到第5章主要对电力市场的基本情况进行介绍，包括交易模式、售电公司、交易机制、运营规则四个方面；第6章到第8章主要选取三个典型电力市场风险进行分析，包括售电主体信用风险、电力用户行为风险、交易风险；第9章概述了电力市场风险的控制策略。

本书由上海电力大学喻小宝和国网四川省电力公司经济技术研究院何璞玉编著。喻小宝编著了第2章到第8章，何璞玉编著了第1章和第9章。参与编著的人员还有刘平阔、郑丹丹、章天浩、孔杰、杨康、邓思维、董真余、于永智。

本书得到了上海市哲学社会科学规划课题（2020BGL032）、上海市2022年度"科技创新行动计划"软科学研究项目（22692107300）的资助，还得到了国网四川省电力公司经济技术研究院的课题研究案例支持，在此表示感谢。本书在编著过程中，参考引用了许多学者及同行的研究成果及文献资料，在此一并致谢。

编　者

2023年6月于上海电力大学

目录

第1章　风险管理的本质与目标 ··········· 1

1.1　风险的含义及要素 ··········· 3
1.1.1　风险因素 ··········· 3
1.1.2　风险事故 ··········· 4
1.1.3　损失 ··········· 4
1.2　风险管理的本质 ··········· 4
1.3　风险管理的目标 ··········· 5
1.3.1　损前目标 ··········· 5
1.3.2　损后目标 ··········· 6
1.4　风险管理的发展 ··········· 6
1.5　电力市场风险类型 ··········· 7
1.5.1　外部风险 ··········· 7
1.5.2　内部风险 ··········· 8
1.5.3　远期风险 ··········· 9

第2章　电力市场交易模式界定及机制分析 ··········· 11

2.1　电力交易的概念界定 ··········· 12
2.1.1　概念区分 ··········· 12
2.1.2　交易属性 ··········· 12
2.1.3　交易成本 ··········· 13

	2.1.4 治理结构	15
	2.1.5 交易目标	16
2.2	交易模式的系统描述	16
	2.2.1 电力双边交易	16
	2.2.2 电力集中交易	19
2.3	交易模式的机制分析	26
	2.3.1 交易模式的比较	26
	2.3.2 交易模式的选择原则	27
	2.3.3 交易模式的评价标准	28

第3章 售电公司的分类及业务模式 30

3.1	售电公司发展现状	30
3.2	售电公司的分类	34
	3.2.1 国外售电公司类型	34
	3.2.2 我国售电公司分类	35
	3.2.3 各类售电公司在电力市场中的角色划分	37
3.3	售电公司的业务模式	38
	3.3.1 购售电业务	38
	3.3.2 增值服务业务	42
	3.3.3 输配电业务	47

第4章 电力市场的交易机制设计及制度安排 50

4.1	交易市场设计的意识基础	51
	4.1.1 电力规划建设和电力市场设计	51
	4.1.2 电力市场的发展趋势	51
	4.1.3 现货市场是市场设计的核心	53
	4.1.4 零售市场改革可滞后进行	54
	4.1.5 省网范围为试点、区域范围为市场	55
4.2	市场设计阶段	56
	4.2.1 区域电力市场的阶段划分	56
	4.2.2 市场设计中的问题解决机制	57
	4.2.3 市场构建中的平滑过渡机制	58

4.3 市场运行阶段 … 59
4.3.1 市场的实现方式和实现途径 … 59
4.3.2 电力交易中心（平台）的独立步骤 … 60
4.3.3 可再生能源发展机制及相关制度 … 60
4.3.4 售电侧改革的潜在风险及应对策略 … 64

4.4 市场实现阶段 … 65
4.4.1 电力市场监管与电力规划 … 65
4.4.2 组织实施的促进和加强 … 66
4.4.3 管制的精致化和有效化升级 … 66
4.4.4 政策制定和推进的协调与配套 … 67

第5章 电力市场运营规则 … 68

5.1 电力市场管理 … 69
5.1.1 电力市场经济主体职责 … 69
5.1.2 准入与注册 … 73

5.2 合同市场 … 77
5.2.1 双边合同 … 78
5.2.2 多边合同 … 78
5.2.3 长期合同 … 78
5.2.4 中期合同 … 79
5.2.5 短期合同 … 79
5.2.6 实时合同 … 80

5.3 电力现货交易市场 … 80
5.3.1 月度竞价交易市场 … 81
5.3.2 日前竞价交易市场 … 84

5.4 辅助服务市场 … 89
5.4.1 实时平衡市场 … 89
5.4.2 辅助服务市场 … 90

5.5 零售市场 … 92
5.5.1 零售市场运行 … 93
5.5.2 零售市场交易 … 95
5.5.3 零售电价制定 … 96

5.6 电力交易结算规则 ·· 97
 5.6.1 结算原则 ·· 97
 5.6.2 电力合同结算 ·· 98
 5.6.3 月度市场电能结算 ······································ 98
 5.6.4 日前市场电能结算 ······································ 99
 5.6.5 实时平衡结算 ·· 101
 5.6.6 辅助服务结算 ·· 101
 5.6.7 性能考核结算 ·· 101

第6章 运营主体信用风险 ·· 105

6.1 售电公司信用风险系统 ·· 106
 6.1.1 售电公司的分类 ······································· 106
 6.1.2 售电公司信用风险评价指标 ························· 107
 6.1.3 指标定性定量分类 ····································· 109

6.2 模型构建 ·· 110
 6.2.1 直觉模糊集 ··· 110
 6.2.2 云模型的基本概念 ···································· 111
 6.2.3 云发生器 ·· 112
 6.2.4 售电公司信用度风险分析模型 ······················ 113

6.3 应用分析 ··· 117
 6.3.1 基于直觉模糊层次分析法的指标权重分析 ········ 117
 6.3.2 基于云模型的售电公司得分分析 ··················· 119
 6.3.3 与层次分析—云模型法的比较分析 ················ 120

第7章 用户行为风险 ··· 122

7.1 电力用户类别划分与差异化用电套餐 ····················· 123
 7.1.1 用户类别划分 ·· 123
 7.1.2 差异化用电套餐 ······································· 123

7.2 电力用户评估指标体系及评估模型 ························· 124
 7.2.1 构建原则 ·· 124
 7.2.2 指标体系 ·· 125
 7.2.3 数据处理 ·· 128

		7.2.4 赋权模型	129
7.3		基于用户特征的差异化用电套餐设计	134
		7.3.1 用户类别划分	134
		7.3.2 差异化用电套餐	136

第8章 购售电偏差风险 … 142

8.1	偏差电量考核机制的定义	143
8.2	偏差电量考核现状及售电公司策略分析	144
	8.2.1 偏差电量考核现状	144
	8.2.2 售电公司经营策略	149
8.3	需求响应管理下的偏差电量考核优化模型	152
	8.3.1 偏差电量考核测算模型	152
	8.3.2 峰谷分时电价管理	154
	8.3.3 可中断负荷管理	155
	8.3.4 价差期权合同管理	156
8.4	广东省偏差电量考核优化算法应用	158
	8.4.1 参数设置	158
	8.4.2 对比分析	159

第9章 电力市场风险控制策略 … 164

9.1	风险控制理论	165
	9.1.1 风险发生的因素	165
	9.1.2 风险的特点	166
	9.1.3 风险的等级划分	166
9.2	风险控制常用方法	167
	9.2.1 风险回避	167
	9.2.2 损失控制	167
	9.2.3 风险转移	167
	9.2.4 风险保留	167
9.3	电力行业风险控制策略	168
	9.3.1 科学分析风险原因	168
	9.3.2 成立风险规避领导小组	168

9.3.3 完善电力企业财务管理制度 …………………………………………… 169
9.3.4 电力企业信息集中化管理 ……………………………………………… 170
9.3.5 建立风险预警机制和应急预案 ………………………………………… 170
9.3.6 充分利用灵活性资源 …………………………………………………… 171
9.3.7 建立电力金融市场 ……………………………………………………… 171
9.3.8 探索电力市场风险管理思路 …………………………………………… 173

参考文献 …………………………………………………………………………… 175

第 1 章 风险管理的本质与目标

学习目标

1. 了解什么是风险管理,对风险管理有一个全面、清晰的认知;
2. 了解风险管理的含义、要素;
3. 熟悉和掌握风险管理的类型、过程;
4. 理解风险管理的本质、核心;
5. 熟悉和掌握电力市场中存在的风险。

引导案例

电改探秘:我国第一个区域电力市场改革试点为何失败?

国家电网公司认为,调度与交易统一有利于保障电网安全,坚持"短期或长期,都应实行调度与交易一体化"。东北三省地方人民政府及各省电力公司则希望设立省级电力调度交易机构。各发电集团则认为,调度、交易和结算机构都依附于电网,不利于电力资源的公平配置,建议成立独立于电网之外的交易结算中心。

扩展阅读1.1

能源绿色低碳转型背景下的电力市场风险管理

经过反复讨论,电监会内部认为调度交易机构的改革需要一个过程,不可能一步到位,最终在《关于建立东北区域电力市场的意见》(以下简称《意见》)中决定,设立区域电力调度交易中心,不设省级电力交易市场,但可设结算中心。考虑到各省的利益,《意见》同意在东北电力市场初期,允许未参与区域电力市场竞争的非竞价机组,在省级电力监管机构和区域电力调度中心的指导下,与省电网公司签订购售电合同。

2003年4月下旬，北京正处于"非典"期间，在京人员不得外出，原本计划在北京内外召开几个座谈会，最后因为"非典"改成了书面征求意见。

在吸取了各方面的意见之后，电监会供电监管部又组织了专家起草《意见》相关名词解释，这个工作做完之后，他们还走访和征求了电监会内部各部门的意见，这样到5月中旬，不止十易其稿之后，才最终确定《意见》。

"实际没有正式运行"

2004年1月15日，经过了一年的筹备时间，东北区域电力市场在沈阳东北电网公司二楼交易大厅启动模拟运行，柴松岳主席来到沈阳，亲自按下了宣告运行开始的回车键，东北区域三省一区分管工业的副省长（副主席）都在现场见证了这一历史时刻。

根据一开始的设计，东北区域市场经过模拟运行、试运行后才正式运行，但后来东北区域市场并没有实际运行。模拟运行阶段是从2004年1月到当年11月。因为当时在东北区域市场的电价政策上还存在不同观点，所以将模拟运行期分成两个时间段：2004年1月到4月，东北区域市场模拟运行采用的是单一过渡式电价、有限电量竞争；6月之后，则采用两部制电价，全电量交易。

对比出来的结论是，两部制电价更适合东北的情况。但是到了2005年试运行阶段，电煤市场化之后开始涨价，抬高了上网电价，但销售电价传导不出去，中间出现亏空，就中止了一段时间。后来大家认为还有必要再试验一把，结果出现了东北电网北部发电高价上网，南部用电低价销售的情况，以致东北电网公司16天亏损了32亿元人民币。于是到了2006年5月，上级主管部门下发文件，东北区域电力市场就进入了学习总结阶段。

有人把东北区域电力市场的原因归于煤价上涨。煤价的上涨只是一个诱因。在当时东北区域电力市场单一购买的竞价市场条件下，上网电价和销售电价不能联动才是主要原因。

其实在方案之初，就考虑过这个问题，设置一个"蓄水池"，当东北电力市场供大于求，形成竞争，上网电价应该会下降，由于销售电价仍维持国家规定标准不变，其中就会多出一部分盈利，这部分钱将会放置在"蓄水池"中，等到达一定规模再补贴到电网公司，使其面向用户可以降低销售电价。反过来，当东北电力市场供不应求，上网电价上涨，而销售电价维持不变，其中就会出现亏损，同样达到一定量之后，再传导到最终的销售电价，由电网公司收取，弥补损失。

（资料来源：沈小波. 东北区域电力市场的改革试验[EB/OL].[2013-07-08].http://www.finace.sina.com.cn/leadership/mroll/20130708/14916049734.shtml.）

1.1 风险的含义及要素

风险,就是生产目的与劳动成果之间存在的不确定性,大致有两层含义:一是强调了风险表现为收益的不确定性;二是强调了风险表现为成本或代价的不确定性。若风险表现为收益的不确定性,说明风险产生的结果可能带来损失、获利或是无损失也无获利,属于广义风险。所有人行使所有权的活动,应被视为管理风险。金融风险就属于此类。而风险表现为成本或代价的不确定性,说明风险只能表现出成本或代价,没有从风险中获利的可能性,属于狭义风险。风险和收益成正比,所以一般积极进取的投资者偏向于高风险就是为了获得更高的利润,而稳健型的投资者则着重于安全性的考虑。风险的构成要素主要有风险因素、风险事故和损失三大要素。

1.1.1 风险因素

风险因素是指促使某一特定风险事故发生或增加其发生的可能性或扩大其损失程度的原因或条件。它是风险事故发生的潜在原因,是造成损失的内在或间接原因。例如,对于建筑物而言,风险因素是指其所使用的建筑材料的质量、建筑结构的稳定性等;对于人而言,风险因素则是指健康状况和年龄等。根据性质不同,风险因素可分为有形风险因素与无形风险因素两种类型。

1. 有形风险因素

有形风险因素也称实质风险因素,是指某一标的本身所具有的足以引起风险事故发生或增加损失机会或加重损失程度的因素。例如,一个人的身体状况、某一建筑物所处的地理位置、所用建筑材料的性质等。像地壳的异常变化、恶劣的气候、疾病传染等也都属于有形风险因素。人类对于这类风险因素,有些可以在一定程度上加以控制,有些在一定时期内还是无能为力。在保险业务中,由有形风险因素引起的损失风险,大多属于保险责任范围。

2. 无形风险因素

无形风险因素是与人的心理或行为有关的风险因素,通常包括道德风险因素和心理风险因素。其中,道德风险因素是指与人的品德修养有关的无形风险因素,即由于人们不诚实、不正直或有不轨企图,故意促使风险事故发生,以致引起财产损失和人身伤亡的因素。例如,投保人或被保险人的欺诈、纵火行为等都属于道德风险因素。在保险业务中,保险人对因投保人或被保险人的道德风险因素所引起的经济损失，不承担赔偿或给付责任。心理风险因素是与人的心理状态有关的无形风险因素，即由于人们疏忽或过失以及主观上不注意、不关心、心存侥幸，以致增加风险事故发生的机会和加大损失的严重性的因素。例如，企业或个人投保财产保险后产生了放松对财务安全管理的思想。由于道德风险因素与心理风险因素均与人密切相关，因此，这两类风险因素也可称为人为风险因素。

1.1.2 风险事故

风险事故也称风险事件，是指造成人身伤害或财产损失的偶发事件，是造成损失的直接的或外在的原因，是损失的媒介物，即风险只有通过风险事故的发生才能导致损失。就某一事件来说，如果它是造成损失的直接原因，那么它就是风险事故；而在其他条件下，如果它是造成损失的间接原因，它便成为风险因素。

1.1.3 损失

在风险管理中，损失是指非故意的、非预期的、非计划的经济价值的减少。通常我们将损失分为两种形态，即直接损失和间接损失。直接损失又称为实质损失，是指风险事故导致的财产本身损失和人身伤害；间接损失则是指由直接损失引起的其他损失，包括额外费用损失、收入损失和责任损失。故在风险管理中，通常又将损失分为四类：实质损失、额外费用损失、收入损失和责任损失。

1.2 风险管理的本质

风险管理（risk management）是指项目或者企业如何在一个肯定有风险的环境里把风险可能造成的不良影响减至最低的管理过程。风险管理对现代企业而言十分重要。良好的风险管理有助于降低决策错误发生的概率、避免损失可能、相对提高企业本身附加价值。风险管理当中包括了对风险量度、评估和应变的策略。理想的风险管理，是优先处理可能引发最大损失的事情或最可能发生的事情，而相对风险较低的事情则押后处理。

现实情况中，优化的过程往往很难决定，因为风险和发生的可能性通常并不一致，所以要权衡两者的轻重，以便作出最恰当的决定。风险管理亦要面对有效资源运用的难题，这会牵涉到机会成本（opportunity cost）的因素。把资源用于风险管理，可使能运用于有回报活动的资源减低；而理想的风险管理，能够花最少的资源尽可能化解最大的危机。"风险管理"曾经是20世纪90年代西方商业界前往中国进行投资的行政人员必修科目。当年不少MBA课程都加入"风险管理"的环节。风险管理是在降低风险的收益与成本之间进行权衡并决定采取何种措施的过程。首先，风险管理必须先进行风险识别。风险识别是确定何种风险可能会对企业产生影响，最重要的是量化不确定性的程度和每个风险可能造成损失的程度。其次，风险管理要着眼于风险控制。公司通常需要采用积极的措施来控制风险，例如，通过降低其损失发生的概率，缩小其损失程度来达到控制目的。控制风险的最有效方法就是制定切实可行的应急方案，编制多个备选的方案，最大限度地对企业所面临的风险做好充分的准备。当风险发生后，按照预先的方案实施，可将损失控制在最低限度。最后，风险管理要学会规避风险。在既定目标不变的情况下，改变方案的实施路径，从根本上消除特定的风险因素。例如，设立现代激励机制、培训方案、做好人才备份工作等，可以降低知识员工流失的风险。

1.3 风险管理的目标

风险管理的核心就是要以最小的成本获取最大的安全保障，它不仅是一个安全生产问题，还包括识别风险、评估风险和处理风险，涉及财务、安全、生产、设备、物流、技术等多个方面，是一套完整的方案，也是一个系统工程。

因此，风险管理目标的确定一般要满足以下基本要求：

（1）风险管理目标与风险管理主体（如生产企业或建设工程的业主）总体目标的一致性。

（2）目标的现实性，即确定目标时要充分考虑其实现的客观可能性。

（3）目标的明确性，即正确选择和实施各种方案，并对其效果进行客观的评价。

（4）目标的层次性。从总体目标出发，根据目标的重要程度，区分风险管理目标的主次，以利于提高风险管理的综合效果。

风险管理的具体目标还需要与风险事件的发生联系起来，从另一角度分析，它可分为损前目标和损后目标两种。

1.3.1 损前目标

经济目标。企业应以最经济的方法预防潜在的损失，即在风险事故实际发生之前，就必须使整个风险管理计划、方案和措施最经济、最合理。这要求对安全计划、保险以及防损技术的费用进行准确分析。

安全状况目标。安全状况目标就是将风险控制在可承受的范围内。风险管理者必须让人们意识到风险的存在，而不是隐瞒风险，这样有利于人们提高安全意识、防范风险并主动配合风险管理计划的实施。

合法性目标。风险管理者必须密切关注与经营相关的各种法律法规，对每一项经营行为、每一份合同都加以合法性的审视，不至于使企业蒙受经济、人才、时间、名誉的损失，保证企业生产经营活动的合法性。

履行外界赋予企业责任目标。例如，政府法规可以要求企业配备安全设施以免发生工伤，同样一个企业的债权人可以要求贷款的抵押品必须被保险。

1.3.2 损后目标

生存目标。一旦不幸发生风险事件，给企业造成了损失，损失发生后风险管理的最基本、最主要的目标就是生存。实现这一目标，意味着通过风险管理人们有足够的抗灾救灾能力，不至于因自然灾害或意外事故的发生而一蹶不振。实现生存目标是受灾风险主体在损失发生之后，在一段合理的时间内能够部分恢复生产或经营的前提。

保持企业生产经营的连续性目标。风险事件的发生给人们带来了不同程度的损失和危害，影响人们正常的生产经营活动和生活，严重者可使生产和生活陷于瘫痪。对于公共事业单位，提供不间断的服务尤为重要。

收益稳定目标。保持企业经营的连续性便能实现收益稳定的目标，从而使企业保持生产持续增长。对大多数投资者来说，一个收益稳定的企业要比高风险的企业更具有吸引力。稳定的收益意味着企业的正常发展，为了达到收益稳定目标，企业必须增加风险管理支出。

社会责任目标。尽可能减轻企业因受损对他人和整个社会所造成的不利影响，因为企业遭受一次严重的损失会影响到员工、客户、供货人、债权人、税务部门以至整个社会的利益。为了实现上述目标，风险管理人员必须辨识风险、分析风险和采取适当的应对风险损失的方法和措施。

风险管理的发展

近20年来，美国、英国、法国、德国、日本等国家先后建立起全国性和地区性的风险管理协会。1983年在美国召开的风险和保险管理协会年会上，世界各国专家学者云集纽约，共同讨论并通过了"101条风险管理准则"，它标志着风险管理的发展已进入了一个新阶段。1986年，由欧洲11个国家共同成立的欧洲风险研究会将风险研究扩大到国际交流范围。1986年10月，风险管理国际学术讨论会在新加坡召开，意味着风险管理已经由环大西洋地区向亚洲太平洋地区发展。

我国对于风险管理的研究开始于20世纪80年代。一些学者将风险管理和安全系统工程理论引入我国，在少数企业试用中效果较好。我国大部分企业缺乏对风险管理的认识，也没有建立专门的风险管理机构。作为一门学科，风险管理学在我国仍旧处于起步阶段。进入20世纪90年代，随着资产证券化在国际上兴起，风险证券化也被引入风险管理的研究领域。

20世纪90年代以来，社会环境和经济环境发生了很大的变化，建立良好的全面风险管理体系迫在眉睫，基于整体层面的风险管理应运而生。

2003年7月，COSO委员会发布企业全面风险管理框架的征求意见稿，并于2004年9月发布《企业风险管理——整合框架》（ERM）正式稿，将风险管理纳入企业的各种活动之中，并将战略目标引入风险管理。

2006年4月亚洲风险与危机管理协会专家组通过五轮投票将风险管理定义为"企业风险管理是企业在实现未来战略目标的过程中，试图将各类不确定因素产生的结果控制在预期可接受范围内的方法和过程，以保障和促进组织的整体利益实现。

2010年至今，这一阶段的主要的现象是经济发展进入调整期，防风险成为三大攻坚战之首，要求牢牢守住系统性风险的底线。金融安全上升到国家安全的角度，习近平总书记在2017年关于金融安全的讲话对风险管理的认识有一个很大的提升，对风险管理的重要性也有了很大的提升，这个讲话充分展示了高层领导的现代风险思维。

1.5 电力市场风险类型

1.5.1 外部风险

电力市场的健康、可持续发展，离不开外部环境的支持和监督，通过对电力市场基础理论的分析，将电力市场面对的外部风险分为"相关行业政策风险"和"电力市场监管机制不健全风险"两种。由于我国电力市场化开始较晚，不管是相关行业政策还是电力市场监管机制都还处于逐渐完善的过程。

（1）行业相关政策。外部风险指的不仅是针对电力市场的相关政策带来的风险，还包括其他行业政策映射到电力市场中带来的风险。例如，2021年我国由于煤炭价格上涨，导致火电企业发电成本快速上升，部分发电厂开始调整发电机组减少发电量，从而导致出现缺电情况。全国各地出现拉闸限电，不仅电力市场交易稳定性遭到破坏，部分生产行业也受到影响。"双碳"目标的提出，也给我国电力系统以及电力交易带来一定的风险。此外，行业相关规则的合理性是否能有效解决市场出现的问题，中长期交易、现货交易、辅助服务市场之间是否能够互补等都是行业相关政策带给电力市场的外部风险。

（2）电力市场监管机制。政府如何发挥在电力市场的监管职能是电力市场各主体有效规避风险的外部基础条件。发达国家由于电力体制改革起步较早，在电力市场监管机制方面比较成熟，有一套完整的市场监管方案。例如，以英美为代表的发达国家采用的是设立单独监管机构的模式；日本、法国等国家采取的是政鉴合一的监管模式。在未来，我国会有大量新能源发电并网出现，电力市场将会出现新局面。面对新风险，我国应不断完善电力市场监管机制。有效的电力市场监管机制能够降低在电力交易过程中出现的不正当竞争、串谋等行为，让电力市场更健康稳定地发展下去。

1.5.2　内部风险

电力市场内部风险可以来自发电侧、售电侧以及电力用户三个方面。发电侧、售电侧的放开，"双碳"目标的提出，使得我国电力市场电能交易类型增多，市场主体多样化，同时也使得电力市场面对的风险多样化。

（1）发电侧。2021年我国总发电量超过8万亿千瓦时，新能源发电量也首次突破1万亿千瓦时的大关，但同时，火电占比依然超过70%。未来，发电侧不仅要面临"双碳"目标带来的碳排放量的挑战，传统火力发电厂还要面对转型压力。此外，面对国家煤炭价格波动的情况，发电侧还需面对成本上涨的问题。在与电力大用户签订中长期购售电合同时，自身利益得不到保障，新能源出力的不稳定性，也给发电侧完成合同交易电量带来一定风险。

（2）售电侧。由于"双碳"目标的提出，在新印发的《售电公司管理办法》中提出售电公司应该按照可再生能源电力消纳责任权重有关规定，承担与年售电量相对应的可再生能源电力消纳量。电力市场对售电侧要求进一步提高，大量新能源发电的并网，对于电力系统的调峰、调频以及备用等辅助服务需求不断增大，同时对售电侧的负荷预测能力要求也进一步提高。售电侧作为实现辅助服务的桥梁需要提高自身新技术的开发和使用。

（3）电力用户。"双碳"目标的提出，电能交易品种丰富，给电力用户更多选择的同时也增加了购电风险。新能源发电技术要求高，波动性大，因此新能源发电成本增加，电价波动性增加。例如，2021年我国由于煤炭价格上涨，多地出现拉闸限电的情况，电力市场交易风险剧增。电力供给商、售电公司与电力用户之间需要相互承担彼此带来的信用风险，例如，履约意愿风险、风险承担能力风险等。

1.5.3 远期风险

由于"双碳"目标的提出，我国之前以传统能源为主的电力市场必然会进行调整，构建新型电力市场。在构建时，应当根据可能出现的电力交易模式以及未来电力市场发展状况从外部环境、供给侧、需求侧三个方面分析电改远期电力市场面对的风险，具体见表1-1。

表1-1 电改远期电力市场风险

	风险主体	风险类别	风险具体内容
1	市场整体	外部政策环境	"双碳"目标的提出影响未来电力市场发展方向，新能源相关补贴影响未来电力交易
		系统/电价波动	未来大量清洁能源等新能源发电并网，新能源出力的波动性、随机性给电力系统的安全性、稳定性带来挑战和压力；成本增加带来电价波动风险
2	供给侧	能源综合	构建以新能源为主体的新型电力系统，新能源发电并网率、新能源消纳能力成为评价发电企业的标准之一
		市场结构	清洁能源等新能源的利用必然催生新兴发电企业，发电企业垄断力是评价电力交易活力的标准之一
3	需求侧	经营信用	未来售电公司除保证电量交易的基本配售电业务外，还承担综合能源服务、绿电交易、各项辅助服务，市场占有率影响着售电公司发展
		交易信用	新能源出力的波动性给售电侧的负荷预测带来一定的挑战，影响实际电量完成率

在"双碳"目标提出以后的电改远期，新型电力系统、新型电力市场的构建都将给整个电力行业带来一定的变化，电力市场面对的风险以及风险形成的原因也与电改初期和近期不同。

（1）对于整个电力市场来说，"双碳"目标的提出以及相应的配套政策的提出对整个电力行业的发展方向会带来外部政策环境不稳定的风险；未来大量清洁能源等新能源发电并网，供需两端双向波动性增大导致电力平衡越来越困难，新能源出力的波动性、随机性给电力

扩展阅读1.2

能源绿色低碳转型背景下的电力市场风险管理

系统的安全性、稳定性带来挑战和压力;"双碳"目标的实现导致新能源大规模上网,辅助工程成本需要摊销,可能会引起终端电价的波动,带来电价波动风险;"双碳"目标提出后,电力市场与碳交易市场的交易机制发生变化,市场监管水平的高低也是电力市场交易风险所面临的风险之一。

(2)从供给侧来看,"双碳"目标提出后,未来电力市场新能源发电交易量会大幅上升,发电企业的新能源发电占比、新能源发电并网率在一定程度上决定了该企业的市场规模,给电力用户带来一定的合同履约风险;随着新能源装机的上升,新能源消纳问题也逐渐凸显,市场化交易是消纳新能源的主要途径,促进新能源消纳是我国电力市场建设的目的之一,因此新能源消纳能力也成为电力交易的风险因素之一。

(3)从需求侧来看,"双碳"目标提出后,以新能源为主体的新型电力系统由于新能源的波动性会给电力需求侧带来一定程度的负荷预测偏差,由此带来一定的交易风险;2021年11月,国家发改委和国家能源局印发《售电公司管理办法》,对售电公司的风险管理提出新的要求,对售电公司的保底售电量提出要求,需要与电网企业代理购电机制相衔接,此外,对售电公司的可再生能源电力消纳责任也作出了强调。

案例讨论 >>>

市场合规意识淡薄的典型案例

2022年6月,昆明直购电交易中心日前警示通报云南电力市场若干交易风险典型案例。其中,有这样一则案例:

售电公司虚假宣传电力市场化交易政策,使用不正当手段拓展市场。

2021年11月,某售电公司业务人员在市场拓展过程中,假借电网企业和电力交易中心工作人员身份,电话告知用户为其办理电费减免优惠业务。其间,售电公司业务人员使用头像为电网企业logo的微信添加用户微信,将国家关于一般工商业电价降价的有关文件发给用户,告知用户提供营业执照、身份证等资料后即可办理电费减免优惠业务。实则业务人员利用用户发的资料代其办理电力市场化注册,并引导用户与该售电公司签售合同。昆明电力交易中心根据收集的线索查处该售电公司违规行为。

第 2 章 电力市场交易模式界定及机制分析

学习目标 >>>

1. 熟悉电力市场交易的概念；
2. 熟悉各类型的电力市场交易模式；
3. 掌握对电力市场交易模式的分析方法。

引导案例 >>>

南方区域电力市场启动试运行

2022年7月23日，南方区域电力市场启动试运行，首次实现了区域间的电力现货交易，也就是短时间内的一手交钱、一手交货。至此，广东、广西、云南、贵州、海南等五省（自治区）的发电厂和用电企业可以跨省实施买卖电能。这相当于把五个市场拢到一起升级成一个大超市。对电厂来说，消费者变多了，对用户来说，供应商变多了。

通过区域市场，用户可以直接买到省外电厂的电，电厂也可以将电售给省外的用户，双方选择的范围更大，议价的空间也更大。在南方区域电力市场中，能源禀赋强的地区通过把电卖到负荷中心实现经济效益，实现电价能升能降，实时变化，真正发挥了价格发现作用，有利于发挥市场在资源优化配置中的决定性作用。

发电企业通过南方区域电力市场现货交易系统，每度电报价最高可达1.5元，最低可至几分钱甚至是零元，更准确反映电能供需关系。南方区域电力市场建立健全后，实现了中长期电力交易周期由年度、月度交易缩短到按周交易，将开展更短周期、更高频次的电力交易，可以应对新能源发电的随机性和波动性，让能源资源调配更灵活。

（资料来源：http://www.gov.cn/xinwen/2022-07/25/content-5702693.htm）

2.1 电力交易的概念界定

2.1.1 概念区分

1. 电力调度

电力调度是为了保证电网安全稳定运行、对外可靠供电、各类电力生产工作有序进行而采用的一种有效的管理手段。电力调度具体工作内容：依据各类信息采集设备反馈回来的数据信息，或监控人员提供的信息，结合电网实际运行参数（如电压、电流、频率、负荷等），综合考虑各项生产工作开展情况，对电网安全、经济运行状态进行判断，通过电话或自动系统发布操作指令，指挥现场操作人员或自动控制系统进行调整（如调整发电机出力、调整负荷分布、投切电容器、电抗器等），从而确保电网持续安全稳定运行。

2. 电力交易

电力交易是针对电力商品和服务进行买卖活动的总和，包括电能（电量）交易、辅助服务交易、输电权交易等。电力交易公式可表达为：电力交易＝电量交易＋实时平衡服务。

2.1.2 交易属性

交易的基本属性包括交易频率、资产专用性和不确定性。

1. 交易频率

交易频率是指单位时间段内售电公司与电力用户可选择各种交易模式的发生次数。频率的大小影响电能单位次数交易量、总交易费用以及单位交易成本。由于电力交易的频率存在差异，因此在交易过程中会出现日前、日内的区别。

2. 资产专用性

资产专用性包括地点专用性、物质资产专用性、专项资产专用性和人力资本专用性（图2-1）。

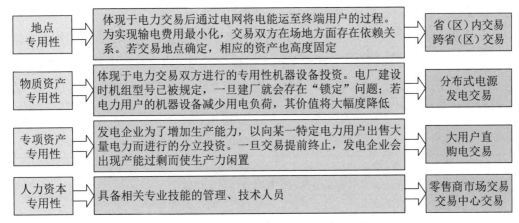

图 2-1 电力交易资产专用性的体现

3. 不确定性

不确定性决定了交易属性的差异性,包括两种形式:一种是环境的不可预见性;另一种是个体生产率计量的困难。电力交易的不确定性涉及交易过程中购售电双方的(当期和预期)收益和成本的不确定,受体制、制度和政策影响的不确定,对社会经济系统稳定运行的不确定,以及谈判和讨价还价过程复杂程度的不确定。所以,电力交易的不确定性分为市场不确定性、规制不确定性和行为不确定性(图 2-2)。

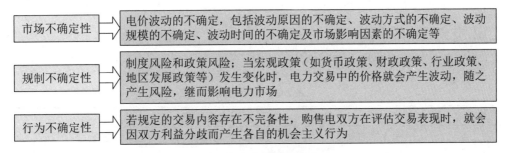

图 2-2 电力交易的不确定性

2.1.3 交易成本

1. 交易成本的定义

(1)交易成本是指为达成一笔交易所要花费的成本,也指买卖过程中所花费的全部时间和货币成本。包括传播信息、广告、与市场有关的运输,以及谈判、协商、签约、合约执行的监督等活动所花费的成本。

(2)交易成本是在一定的社会关系中,人们自愿交往、彼此合作达成交易所支付的成本,也即人与人之间的关系成本;与一般的生产成本(人与自然界的关系成本)

是对应概念。

从本质上看，只要有人类交往互换活动，就会有交易成本，它是人类社会生活中一个不可分割的组成部分。由于交易成本泛指所有为促成交易发生而形成的费用，因此很难进行明确的界定与列举，不同的交易模式会涉及不同种类的交易成本。总体而言，简单的分类可将交易成本区分为以下三项（表2-1）。

表2-1　电力交易过程中的交易成本分类

阶　　段	成　　本	含　　义
事前的交易成本	搜寻成本	商品信息与交易对象信息的搜集
	信息成本	与交易对象进行信息交换所需的成本
	约束成本	为取信于对方所需的成本
过程的交易成本	议价成本	针对合同、价格、产品质量等进行讨价还价的成本
	决策成本	进行相关决策与签订合同所需的内部成本
	执行成本	购售电双方在执行合同过程中发生的费用
事后的交易成本	监督成本	监督交易对象是否依照契约内容进行交易的成本
	违约成本	违约时所需付出的事后成本
	转换成本	电力用户从一个发供电企业转向另一个发供电企业时所产生的一次性成本

简言之，所谓交易成本就是指当交易行为发生时，所随同产生的信息搜寻、条件谈判与交易实施等的各项成本。

2. 交易成本的来源

交易成本的来源包括七项（表2-2）。

表2-2　交易成本的来源

成　本　源	含　　义
有限理性	由于购售电双方的身心、智能、情绪等限制，在追求效益极大化时所产生的限制约束
投机主义	购售电双方为寻求自身利益而采取的欺诈手法，同时增加彼此不信任与怀疑，因而导致交易过程监督成本的增加，而降低经济效率
资产专用性	在不牺牲生产价值的条件下，资产可用于不同用途和由不同使用者利用的程度（与沉入成本概念有关）
不确定性与复杂性	由于环境因素中充满不可预期性和各种变化，购售电双方均将未来的不确定性及复杂性纳入合同中，使交易过程增加了议价成本，并使交易困难度上升
少数交易	电力交易过程过于专属性，同时因为异质性信息与资源无法流通，使得交易对象减少，及造成市场被少数人垄断，使得市场运作失灵
信息不对称	由于环境的不确定性和自利行为产生的机会主义，购售电双方握有不同程度的信息，使得市场的先占者拥有较多的有利信息而获益
气氛	若购售电双方互不信任，无法营造一个令人满意的交易关系，将使得交易过程过于重视形式，增加不必要的交易困难及成本

2.1.4 治理结构

必须指出的是，实现电力交易的组织形式不仅仅是市场。电力体制改革的真正方式应该是充分利用市场、组织、制度和契约等四种协调工具，打破垄断、实现可竞争的市场环境。在缺少必要合理的协调工具时，发供电企业、电网公司以及电力终端用户无法通过私人秩序解决企业间的矛盾冲突，此时应将交易诉诸其他组织形式。

进行市场化改革的原因之一就是一体化结构的交易成本比较高或者不透明。因此，我国电力体制改革过程中需要厘清的概念之一就是电力交易边界的选择问题，即界定治理结构。为了改善经济绩效，必须将交易与治理结构进行协调匹配。交易所依赖的经济组织治理结构包括市场制、层级制以及混合制（图 2-3）。三者区别于激励性、适应性和行政控制（表 2-3）。激励性保证了交易双方在分配收益或弥补损失时不存在人为操作财务制度的可能性，使得交易双方既无合法收益的索取权，又不必承担损失的责任。适应性 A 将价格作为统计工具，使经济部门效用或利润最大化，表示自发性反应；适应性 C 针对协调性投资和非竞争性协调的重新组合的需求，在频率和重要性方面有所增加，说明相互协调反应。行政控制主要体现于当激励性阻碍双边适应性时，通过监管、奖励或惩罚等手段弥补弱强度的激励性。

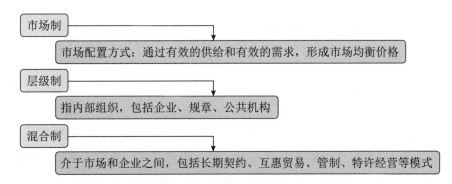

图 2-3　电力交易中存在的治理结构

表 2-3　治理结构的特征比较

结构	市场制	混合制	层级制
激励性	+	0	-
行政控制	-	0	+
适应性 A	+	0	-
适应性 C	-	0	+

注："-"表示弱度；"0"表示中度；"+"表示强度

2.1.5 交易目标

制度变迁过程中,经济效率和社会公平作为经济社会系统的考察标准,仍是电力交易的终极目标。

一方面,电力交易的经济效率不仅是一个数量概念,更是一个质量概念,体现于电能的交易量达到均衡、生产和交易成本最小化。任何治理结构下的交易量达到均衡时,交易过程不存在供给不足或产能过剩的现象;生产成本最小化要求购售电双方在劳动、资本工具和资源能源投入最少的情况下,实现生产要素组合最大产出;交易成本最小化则体现交易协调过程中的成本控制问题,且由于治理结构的不同而发生改变。

另一方面,社会公平是公共事业重要的绩效指标,决定于协调工具的约束力,体现于全社会的法律信心、交易的合作准则、购售电双方平等的利益追求及社会福利。当制度变迁的预期绩效不明显,也不存在一定形式的(或无效的)补偿机制或修正预定安排时,社会福利将无法实现公平利益。因此,社会福利的含义应为政府通过电力的生产与交易过程,在保证电力产业健康发展的前提下,提高对其他产业的服务水平及居民的生活质量。

2.2 交易模式的系统描述

2.2.1 电力双边交易

现阶段,具有双边交易特性的中国电力交易类型包括大用户直购电交易、发电权有偿替代双边交易和基于框架协议跨省(区)电能交易。但是,这三种双边交易均存在问题,如表 2-4 所示。

表 2-4 目前中国双边交易的问题与障碍

双边交易类型	问题与障碍
大用户直购电交易	1. 电价机制尚未确定 2. 直购电量空间尚需在市场与计划之间合理协调 3. 省(区)间壁垒较为严重 4. 市场主体积极性有待提高
发电权有偿替代双边交易	1. 省级电网统调机组电厂之间的交易范围有待扩大至区域电力市场以及非统调小火电机组 2. 有待充分发挥地方人民政府和电力监管机构在政策引导和行业监督方面的职能 3. 有待正确引导交易双方合理报价,促进交易市场化、规范化

续表

双边交易类型	问题与障碍
基于框架协议跨省（区）电能交易	1. 有待建立科学、合理、灵活的调整机制协调长期交易与短期交易的关系 2. 政策执行力不足，配套机制和政策支持有待建立并完善 3. 缺少必要的问题解决机制以协调利益格局的调整

电力双边交易的主要形式是电力双边合同。发供电企业与独立售电公司（电力大用户）直接就交易电量和交易价格进行讨价还价，最后形成双边交易关系（图2-4）。发供电企业与独立售电公司（电力大用户）均是自愿性的协商交易关系，由于谈判过程相对封闭，因此电量交易价格存在差异。

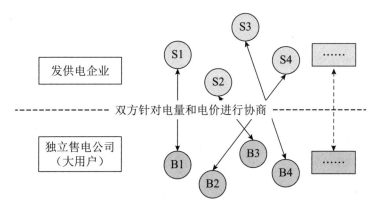

图 2-4　电力双边交易模式

1. 电力双边交易主体

参与电力双边交易的主体应包括交易性主体和非交易性主体（图2-5）。

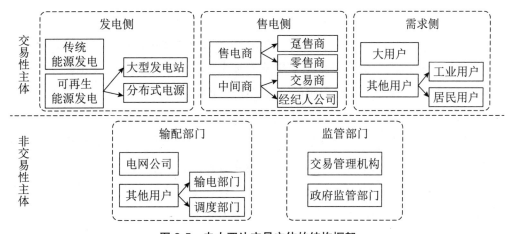

图 2-5　电力双边交易主体的结构框架

（1）交易性主体包括发供电商（传统能源发电、可再生能源发电），售电商（匡售商、零售商），中间商（交易商、经纪人公司）以及电力终端用户（大用户、其他用户）。售电商指的是可通过与其他交易主体签订双边合同而参与电力转运的市场主体，包括趸售商和零售商。中间商指的是为撮合电力供需双方交易达成的市场主体，包括交易商和经纪人公司。售电商与中间商的主要区别在于：售电商一般拥有自己的输配电网络，中间商则不具有物理设备基础。

（2）非交易性主体包括电网公司（输电部门、调度部门）和监管部门。监管部门下设交易管理机构（电力交易中心、计划管理部门、信息统计部门、信贷管理北部门、结算中心等）和政府监管部门。

2. 电力双边交易种类

（1）按地域跨度划分为跨区（省）双边交易、区域（省）内双边交易；

（2）按时间跨度划分为远期双边交易、日前双边交易；

（3）按交易主体划分为发供电商间双边交易、发供电商—售电商双边交易、发供电商—中间商双边交易、发供电商—大用户双边直购交易、售电商—用户双边交易、中间商—用户双边交易；

（4）按交易标的划分为：实物双边交易和金融双边交易、电量双边交易和容量双边交易、电能双边交易和服务双边交易。

3. 电力双边交易机制

电力双边交易机制包括价格机制、风险防范机制、平衡机制、结算机制、信息披露机制和阻塞管理机制。

（1）价格机制。价格机制中的价格形成方式：在发供电企业与售电公司（或电力用户）定期签订电力双边交易合同；电力市场中的电力双边交易合同须在交易管理机构进行登记；购售电双方将选定一个交割区域作为参考，以该区域的价格作为合同的交割价格；区域价格是依据发电成本加上不高于一定比例（如10%）的收益率核定，并根据燃料成本变化和通货膨胀情况进行调整。

（2）风险防范机制。风险防范机制包括价格风险防范机制和交易风险防范机制。①价格风险防范机制是采用长期能源采购协议方式：售电公司必须执行政府统一规定的零售电价，并由此从专项财政基金中得到补偿，但当收入远超过费用时，售电部门需要向专项财政基金缴纳一定的资金，同时，零售电价应受到政府管制；发供电企业作为负荷服务商，也需通过签订中长期双边交易合同锁定价格。②交易风险防范机制是采用受证券市场监管的金融合同方式，发供电企业与售电公司签订金融合同用于交换资金流动。电力金融机构所提供的合同类型主要包括权益保护合约、双边套期保值合约、区域间的套期保值合约和期货合约等。

(3) 平衡机制。发供电企业与可调整负荷用户通过平衡市场进行平衡电量竞价。其中，用于辅助服务的电量电价为给定价格，其他电能均按照日前市场进行报价。实时运行前，电网公司根据收到的平衡市场竞争报价安排预调度计划，然后由交易管理机构将信息反馈给各个企业。实时运行中，一方面，电网公司可根据系统实际运行情况进行调整，按报价调用机组出力，或调用辅助服务合同来保证系统电量平衡；另一方面，购售电双方需要向交易管理机构申报发电、用电计划，并参与竞价，信息申报在每个交易时段的规定时间前截止，有关发电、用电变化的信息会随时进行反馈，但不作为最终的结算依据，在关闸时间之前，参与者的交易信息将不断更新，直至提交最终电力实物交易通知。为了减少信息与实际交易量的偏差，在平衡机制开始时点，参与者还必须提交一定数量的"竞价—报价"组合，并指明不同的偏差数额。

(4) 结算机制。结算机制要求实现过程在交易管理机构的结算中心进行。交易结算机制应保证购售电双边按照合同中规定的量与价单独结算，参与平衡机制的购售电双方还需针对电网公司进行信息不平衡结算。

(5) 信息披露机制。信息披露机制实现过程主要包括三步：第一步，将交易管理机构的交易中心作为信息披露平台，购售电双方及电网公司通过互联网将信息提交给交易管理机构，日前市场中的报价信息包括竞标投标价格、竞标投标数量、不同容量的技术参数以及地理位置等；第二步，由交易管理机构发布交易供需信息，再由交易管理机构内部通过匹配交易双方签订购售合约，交易管理机构负责交易中的匿名竞价以及价格发布等工作；第三步，交易双方自主选择交易时间、交易地点、交易方式实现电力交易。

(6) 阻塞管理机制。发电供电企业在日前调度计划中向电网公司提交其管辖范围内的供电安排计划。电网公司以此进行模拟运行，检查所有计划可行性。若发生输电线路阻塞，电网公司将计算可能阻塞费用并通知相关发供电企业，发供电企业可在实际电力调度的2小时前调整其发供电计划；若区域之间不存在输电阻塞，被调度机组中的最高投标价格即为电网公司输配调度区域的实时市场边际价格。

2.2.2 电力集中交易

电力现货市场通常采用统一平台的方式进行电力集中交易，零售市场通常不需要统一平台进行电力集中交易。分析世界主要工业化国家的电力市场发展历程可知，虽然电力集中交易电量在全部交易电量中所占的比重较小，但是各国电力市场的区别也主要体现于电力集中交易市场的差异方面。因此电力集中交易是决定电力市场设计成功的关键，市场设计的重点也在于设计电力集中交易模式的。

1. 电力多边交易

电力多边交易是指在交易试点放开和扩大前提下，发电商、售电商、中间商、电力终端用户作为平等交易主体共同参与，在发电侧、售电侧和需求侧引入竞争，在相对规范统一的操作平台上进行电力买卖，可以根据市场情况和双方意愿确定交易的方式，交易方式主要包括多边协商、市场撮合和市场竞价等。新一轮电力体制改革中电力多边交易的目的为深化电力体制改革；在售电端引入竞争机制；提高行业竞争力；降低用户用电成本。

电力多边交易模式包括两种：电力多边合同和电力多边竞价。图2-6（a）主要体现电力多边合同的交易模式。在"一对多"交易模式中，发供电企业会针对不同独立售电公司（电力大用户）的电能产品需求进行谈判，"讨价还价"的结果是发供电企业根据不同的独立售电公司（电力大用户）情况最终形成多种"价格—电量"合同组合。在"多对一"交易模式中，独立售电公司（电力大用户）拥有更多的自主选择权，针对不同发供电企业的电能产品供给能力和情况进行谈判，"讨价还价"的结果是独立售电公司（电力大用户）可根据发供电企业的具体情况形成多种"价格—电量"合同组合。图2-6（b）主要体现多边交易模式中的电力多边竞价关系。在"多对多"交易模式中，发供电企业和独立售电公司（电力大用户）分别向相对独立的交易管理机构提交不同电能供给和电能需求情况下的交易报价；交易管理机构依据"量大价低""均衡协调"等原则，根据供、需方面提供的 n 组"价格—电量"组合进行优化匹配；然后交易管理机构将匹配结果进行公布反馈；发供电企业和独立售电公司（电力大用户）的"多对多"模式交易结果是双方同时实现不同时段、不同电力来源、不同电力去向的不同电力交易价格。

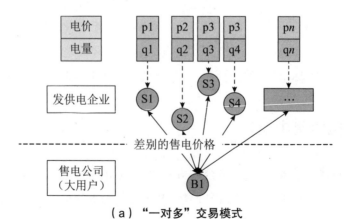

（a）"一对多"交易模式

图2-6 电力多边交易模式

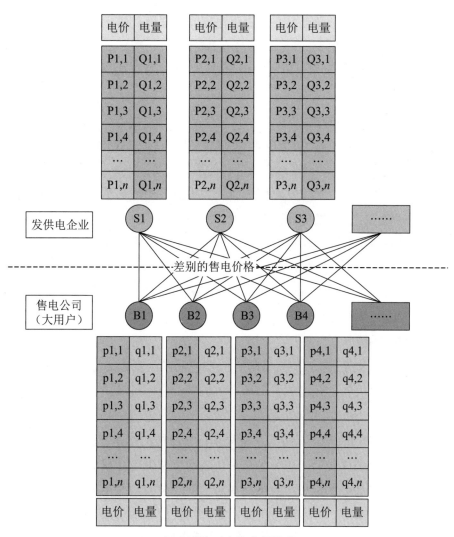

(b)"多对多"交易模式

图 2-6(续)

1)电力多边交易的主体

电力边交易的主体包括交易性的主体(发电侧、需求侧以及售电侧)和非交易性主体(交易管理机构、电网公司、政府监管部门)。

(1)发电侧。交易空间主要体现于发电机组的电量空间。由于缩减计划电量公益性调节性以外的发电计划放开,致使参与多边交易试点的发供电企业参与了电量与电价的竞争,短期的竞争效率体现于发电效率的提高,长期的竞争效率体现于电价回归正常理性。

(2)需求侧。交易空间主要体现于电力终端用户的自由选择权和相对高效的市场化销售电价。由于存在多买多卖的竞争格局,电力终端用户既可利用市场机制或契约形式降低销售电价，又可自由选择供电商和售电商，售电业务效率的增加将有利于用电企业生产成本的降低和经营效益的提高。

（3）售电侧。主要包括售电商和中间商。二者的职能和区别与双边交易模式中的售电商、中间商类似。

2）电力多边交易的种类

按地域跨度划分为：跨省（区）电能集中竞价交易、区域（省）内电能集中竞价交易；

按时间跨度划分为：远期多边交易、日前多边交易；

按交易主体划分为：多方发电商—单一售电商（中间商）、单一发电商—多方售电商（中间商）、多方发电商—单一电力用户、单一发电商—多方电力用户、多方发电商—多方售电商（中间商）、多方发电商—多方电力用户、发电权有偿替代集中交易、用电权有偿转让集中交易、售电权有偿互补集中交易。

按交易标的划分为：实物多边交易和金融多边交易、电量多边交易和容量多边交易、电能多边交易和服务多边交易。

3）多边交易机制

多边交易机制区别于双边交易机制的"游戏规制"。多边交易机制包括价格机制、平衡机制以及结算机制，并增加了市场准入机制、空间过渡机制、交叉补贴机制和交易运作机制。

（1）价格机制的价格形成方式：电力多边交易的主体和合同须在交易管理机构（电力交易中心）进行登记；在每个交易日之前，发供电企业须向电力交易中心提供所有发电机组的供电量信息，购电商（售电商、中间商及电力用户）向电力交易中心提供电能需求信息；电力交易中心绘制市场供给曲线以及市场需求曲线；根据供需曲线以及购售电参与者的合同仓位确定合同交易价格。

（2）平衡机制即为多边交易的调剂转让机制。多边交易平台应利用实时市场中的平衡系统（机制）调剂余缺电量。参与主体可通过多边交易平台实现余缺电量互补和发用电指标买卖：在发供电企业、电力用户以及电网公司签订的合同中，应存在明确余缺电量的条款，且由电力公司提供补偿供需失衡的服务。当供电能力不足时，发供电企业之间可通过平台转让发电指标（发电权）；当用电能力不足时，电力用户也可将其用电指标转让给符合市场准入要求的其他用户。

（3）结算执行机制。多边合同市场仍按合同规定进行结算。电力现货市场采用"双结算机制"，主要针对日前市场和实时市场。日前市场结算以日前节点电价为基础，通过上报的电力负荷竞价、发电机组投标等信息，算得次日每小时电能的出清价格；实时市场结算以实时小时综合节点电价为基础，在实际调度的基础上，每5分钟计算一次出清价格。电力多边交易平台中，购售电合同和委托输配电服务三方合同的最终执行是电费结算和其他资金支付。可选择的电费结算方式有两种：发供电企业、售电商（中间商）和电力用户之间可根据合同要求，结算相应的电量电费，由电力用户向电网公司支付委托输配电服务费和政府性基金及附加；电力用户向发供电企业结算所有费用，再由发供电企业向电网公司支付委托输配电服务费和政府性基金及附加。容量电费根据输配电服务费并结合实际情况确定。功率因数考核电费根据实际情况正常支付。

（4）市场准入机制的设置应基于能源资源优化配置、经济发展方式转变、产业结构优化升级、经济增长质量和效益提高、能耗降低和污染物排放减少的目的。发电侧方面，优先选择容量大、参数高、能耗低、排放少的发电机组。需求侧方面，鼓励和支持规模较小、市场力较弱的朝阳产业，保护和稳定信誉和诚信良好、用电负荷稳定、生产效率较高、生产规模较大、能耗指标先进、发展带动能力强的支柱性产业，关停或限制淘汰类产业。售电侧方面，保证管理规范、运营有序、资金良好、信誉优质、风险抵御能力较强的售电商和中间商优先进入多边交易平台。

（5）空间过渡机制是为了保证多边交易平台向集中交易市场的平稳过渡。交易主体可通过合约、经济协议以及市场等形式进行多边交易。为了实现尊重历史规律、平衡区域发展、协调利益格局、缓冲不利影响、易于各方接受等效果，交易空间的设定和拓展应分为"两步走"：第一步，为保证市场平稳起步，试点初期应把区域内的增量电量作为用电市场空间，把发供电企业基本电量计划外机组剩余发电能力作为发电市场空间；第二步，随着多边交易平台的成长和成熟，试点后期应在缩减计划电量的指导下，逐步扩大并放开电量交易空间。

（6）交叉补贴机制主要有电力企业补贴电力用户、异地用户之间进行补贴、同地不同行业用户之间进行补贴三种补贴形式。取消电价交叉补贴是一个长期过程：短期应加强电价核算，逐步建立和明确价外的交叉补贴机制，通过政府直接财政拨款或在用户销售电价中征收交叉补贴附加费，建立交叉补贴基金；长期应逐步取消交叉补贴。

（7）交易运作机制实现方式可包括发—售—用直接协商交易、市场撮合交易、市场竞价交易。发—售—用直接协商交易是指市场主体自愿通过协商确定直接交易电量、交易电价和交易时间等条件，且经过安全校核后，交易主体共同签订购售电合同，并与电网公司签订委托输配调度服务合同。市场撮合交易是指根据事先确定的最优目标函数以及安全校核和输电阻塞等约束限制，处理不同时段发供电企业（售电商）申报的售电量和售电价格、电力用户（用户代理）申报的购电量和购电价格，利用规范、统一的电力多边交易平台进行自动交易匹配。市场竞价交易是指利用开放、规范、统一的电力多边交易平台，发供电企业（售电商）申报的售电量和售电价格、电力用户（用户代理）申报的购电量和购电价格，交易系统计及安全校核和输电阻塞等问题，对量和价进行统一排序形成供需曲线，最终采用交易平台的市场边际价（市场出清价）进行电力交易。

2. 电力库

电力库也称电力联营体，是指电能买卖双方通过电力联合体的方式进行投标、报价以及物理交易的经济行为，是一种用于处理剩余电量的集中竞价交易模式。电力联营并非一个全能性独立经营单位，成员关系比组织松散、比市场紧凑，属于一种组织、协调成员间联合活动的混合制治理结构。若所有的电力物理交易均须通过电力库实现，则称为强制性电力库；若允许存在不通过电力库模式实现电能物理交易，则称为自愿性电力库。

图 2-7 主要体现电力库交易模式中多方买卖的竞价关系。发供电企业和独立售电公司（电力大用户）分别向相对独立的电力交易中心提交不同电能供给和电能需求情况下的交易报价；电力交易中心根据供、需方面提供的 n 组"电价—电量"组合绘制供给曲线和需求曲线；电力交易中心将库中的均衡电价和均衡电量等信息反馈发布给发供电企业和独立售电公司（电力大用户）；交易各方在均衡电价和均衡电量的指导下进行电量电力交易。该种情境与"多对多"多边交易情境类似，但主要区别在于最终会在整个"库"中形成一个统一的电力交易价格。

很多电力市场的形成是由强制性电力库起步，逐步发展为一个完全开放的多边自由市场，发电侧、供应侧得以充分自由化。电力库交易模式与多边交易平台类似，同样具有价格发现的功能，且适合作为市场交易模式的过渡形式。因此，电力库中所提供的服务存在两个市场雏形，即电力现货市场和平衡市场。电力现货市场中，电力库为次日物理传输的电力交易提供电力批发市场；现货电价根据每小时的电力拍卖交易结果来确定；电力现货市场中电能的系统价格可作为期货市场的参考价格。若合同电量超过电网容量限制，则需要划分出多个不同区域的合同现货交易市场，且应该保证该类区域一定的交易持续周期。若预计区域线路会出现电力传输要求超过输电容量的情况，电网企业可根据预期输电需求、修正后计划和其他影响潮流及电力生产可得性的因素，对现货交易区域进行实际的划分。电能产品的价格初值可依据整个区域电网不存在输电限制的情况计算而得；当电价计算结果表明电力库的区域间不存在容量超限时，则电力库中有且仅有一个现货价格；当电价计算结果表明多个现货区域间的潮流超过电网容量限制时，该类区域的电价应单独计算。平衡市场可保证实时交易在一年中的各个时刻的充分运营，充当电力库现货市场的滞后市场。

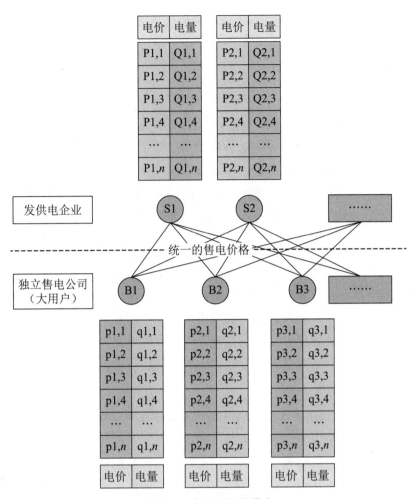

图 2-7 电力库交易模式

但是,电力库交易模式对于组织机制、平衡机制、交易运作机制以及阻塞管理机制的界定存在差别。其中:

(1) 组织机制。电力库实体包括金融贸易组织、电力清算部门和电力现货市场。金融贸易组织(电力期货市场)主要负责合同交易和期权交易。合同交易主要用于电力交易中的价格套利和风险管理;期权交易主要用于电力期货收益和成本价格的套利和风险管理。电力清算部门隶属于交易管理机构,是为了保证交易和清算相互独立,需根据相关法律规定组织设立,且在相关金融行业(银行、保险及金融证券委员会)的监督下,负责电力金融市场和实时市场的清算工作。电力清算部门需自动清算电力库中的物理合同交易与金融合同交易。通过独立机构的清算可减少市场主体之间的金融风险。电力现货市场应接受交易管理机构、政府监管部门的指导和监督,负责组织电力实时交易工作。

(2) 平衡机制即为负荷和频率平衡机制。采用上下调整的方法,规定快速备用响应的时间（如15分钟），加强省电网公司的二次调频合作。同时，可采用购买额外的生产容量、允许发供电企业和用户对备用需求进行竞价、规定按照可用容量获得不同期权费用等不同的方法处理备用不足的问题。

（3）交易运作机制。电力库试点区域在运行过程中应根据区域组织的推荐而相互协作，省电网公司负责协调该区域的实时运行。电网公司的主要任务是确定不同电价区域之间的可用输电容量、保证负荷和频率的平衡、负责阻塞管理。各个省电网公司应签订一个电力库运行协议；协议内容应涉及系统可靠性、运行限制、停电协作、辅助服务、阻塞管理、紧急操作、平衡运行、结算及交流信息等问题。机制包括七个步骤：电力库中的发供电企业针对交易时段和供电数量提供发电报价；发电报价按从低到高的顺序排列，根据价格和累计电量的关系绘制库中的电力供给曲线；终端用户提交保护电量与电价信息进行投标，按从高到低的顺序排列，得到库中的电力需求曲线；库中供给曲线和需求曲线的交点即可作为电力库均衡点；所有价格不高于库中出清报价的发供电企业均可被接受，所有价格不低于库中出清报价的电力终端用户均可被接受；发供电企业和电力终端用户可根据其中标所对应的电量在系统中进行交易；发供电企业根据系统中的边际价格销售电能，电力终端用户支付系统中边际价格购买电能。

（4）阻塞管理机制的方式包括地区电价模式和反向交易模式。地区电价模式会使电力库现货阶段算出的地区电价各不相同。当区域的输电量预计超过可用输电容量时，降低电力富余地区的现货价格，提高电力不足地区的现货价格，最终导致地区间的预期输电量等于可用输电容量。价格调整将使得电力富余地区的供电量减少、用电量增加；电力不足地区的供电量增加、用电量减少。电网公司的经济剩余（收入）等于电价差与阻塞线路相应输电量的乘积。反向交易模式适用于运行阶段指定的电价区域发生阻塞的情况，可调整地区间的实际输电量（从平衡市场的优先次序表中进行选择，调整发电侧出力和需求侧用电），使其与可用输电容量一致。电网公司将在阻塞线路的两侧购买上下调整电量，使其产生净成本。

扩展阅读2.1

浅谈电力市场化交易模式下的定价决策分析

2.3 交易模式的机制分析

2.3.1 交易模式的比较

在建立发电侧集中竞价市场的前期过程中，虽然东北市场试点改革失败、华东市场试点未能继续，但不能作为排斥电力集中交易模式的理由。电力集中交易模式（电力多边交易、电力库）与电力双边交易模式的比较如表 2-5 所示。

前期的改革中，以双边交易为主的大用户直接交易试点在其运营过程中不断暴露出政府过度干预、定价机制缺失、准入条件模糊、变相优惠电价等挑战问题；以电力集中交易为主的东北市场试点和华东市场试点在其运营过程中不断出现法律法规不完善、各方认识不统一、价格机制不健全、技术系统不完备等发展障碍。一个健全的电力交易过程必然是集中交易和双边交易的共存过程，二者缺一不可：集中交易是电力市场实现发电用电平衡的必要基石，双边交易是实现用户和发供电企业间财务平衡的重要手段。

2.3.2 交易模式的选择原则

在电力交易模式的选择方面，应尽量做到"四个有利于"：

（1）有利于电力资源优化配置和资源利用效率提高，深化体制改革和促进产业发展；

（2）有利于培养多元市场购、售电主体，建立"多买多卖"的竞争格局，为构建规范、公平、开放、高效的电力市场奠定基础；

（3）有利于激励和支持符合国家产业政策的用电部门，保障具有产品市场竞争力的用电企业；

（4）有利于建立发电、输配电和售电相互协调的运行交易联动机制，体现社会效益和经济效益最大化。

电力集中交易模式和电力双边交易模式均可能会面临电力交易模式的成长或淘汰、市场信息和统计结果的真实披露、对交易报告的准确分析、零售市场的逐渐简明化等问题。各个区域市场中无论选择何种电力交易模式，都应当尽量避免省电网公司之间的失调问题，现货市场的过度集中问题，可用输电容量不足而产生电价过大的差异问题，用电高峰期电网容量失衡而出现的备用不足和市场清算失败问题，极端环境下交易环境的风险问题，由于信息不公开、不透明而导致"电力交易"变"电力计划"的制度问题等。

表 2-5 电力集中交易与电力双边交易的比较分析

	电力集中交易模式		电力双边交易模式
	电力多边交易模式	电力库交易模式	
主体关系性质	强制性、标准性	强制性、特殊性	自愿性、标准性
投标与报价	变动性	变动性	固定性

续表

	电力集中交易模式		电力双边交易模式
	电力多边交易模式	电力库交易模式	
出清价格特点	复杂、动态	复杂、单一	简单、灵活
不平衡成本	强制分担	强制分担	按供需交易
优势及特点	占比较小,是市场的核心与实质		占比较大,不体现市场差异性
	主要以市场为治理结构实现交易		主要以契约为治理结构实现交易
	具备价格发现能力		价格形成过程相对简单
	从效果上,易于推动市场形成进程		从过程上,易于打破垄断结构
	便于同辅助服务市场同步运行		便于同电力金融市场同步运行
	电网主要实现发电、用电平衡功能		电网主要实现电力输配功能
	与双边交易互相影响价格		与集中交易互相影响价格
缺点及不足	存在垄断竞争性质的市场结构	存在垄断性质的市场结构	容易产生进入壁垒
	系统机制对制度、政策要求较高	系统复杂、昂贵	系统的透明性较差
	现货和实时市场需要多方协调	现货和实时市场的形式单一	现货和实时市场的操作性较差
	合同结算过程存在复杂性、差异性	差价合约的市场特征模糊	合同流向和物理流向不一致(同步性差)
	运营成本较高	运营成本较高	监管成本较高
	调度可能导致高电价	调度可能导致高电价	缺乏价格发现机制
	市场推广周期较长	市场推广周期较长	市场反应周期较长

我国幅员辽阔,各区域、省份的资源禀赋、经济发展情况各不相同;世界主要工业化国家的电改模式不可复制,但值得借鉴。在电力交易模式的选择问题上,需要根据不同地域、不同时期进行优化选择。

2.3.3 交易模式的评价标准

对于电力交易模式选择的评价应该围绕两组问题:

(1)价格机制的指导效果是否可实现资源的优化配置?电力产业是否获得可持续发展的能力?

(2)电力体制改革是否可有效地促进并带动整个能源体制的改革?改革的效果是否提高了社会整体福利水平?改革效果如何测算和衡量?

制度决定经济绩效,而制度禀赋和制度结构会限制国家的规制治理和规制激励。

因此，电力交易模式选择的评价问题即为制度绩效的评价问题。效用和公正才是制度绩效的终极目标。中国电力体制改革过程中，效用和公正应分别体现经济发展和社会福利。一方面，适应性较差、激励性较弱和行政控制力过硬，是我国电力交易过程中造成效率较低的主要原因。另一方面，当制度变迁的预期绩效不明显时，没有一定形式的（或无效的）补偿机制或修正预定安排，会导致社会福利无法实现公平利益。目前，我国的社会信用体系尚不健全，配套的法律体系也不完善，此时可选择的有效制度和保障措施的实施成本相对较高，但是制度安排是电力体制改革过程中指导和保障电力交易的必要基础。

即测即练题

案例讨论 >>>

现货市场下，电力市场交易模式有什么变化？

2018年10月12日，广东省经济和信息化委员会发布了《关于2019年广东电力市场年度交易安排的通知》（以下简称《通知》），按照《通知》规定，2019年广东电力现货市场将正式开启。现货市场的出现，将给形成多年的传统电力交易方式带来很多方面的冲击。

《通知》明确表示，2019年广东电力市场拟分为两阶段运行：第一阶段，市场保持现行中长期交易模式正常运行（结算）；市场进行现货模拟运行（不结算）。第二阶段，市场进行现货试运行（结算）；现行中长期市场转为备用运行。市场进入第二阶段的具体安排另行通知。也就是说，2019年的广东电力交易将被分为上下两个半场，上半场进行现行模式的交易，下半场进行现货模式的交易。

年度交易涉及一整年的电能量，而现行模式和现货模式又有着天壤之别：现行模式的年度合同电量要求物理执行；现货模式的中长期差价合约电量不要求物理执行，仅作为金融依据。那么发售电企业的长协合同到底应该如何操作才能两者兼顾呢？《通知》中也给出了解决方案：在第一阶段签执行的合同叫价差模式合同，请注意，这个不是差价合约，而是现行市场模式中按价差模式报价的合同，电量分解至月，要求物理执行；第二阶段执行的合同叫绝对价格模式合同，合同中的价格不再是价差，而是绝对价格，电量除了要分解到月，还要继续分解到日，分解到小时，形成电量分解曲线。这个合同是现货市场中的中长期差价合约，不要求物理执行。

第 3 章 售电公司的分类及业务模式

学习目标 >>>>

1. 了解售电公司的发展状况，对售电公司的现状有一定的认识；
2. 熟悉掌握国内、国外售电公司类型；
3. 熟悉掌握售电公司的购电业务基本模式。

引导案例 >>>>

德国 Emprimo 售电公司——"都市合约"售电业务套餐

德国 Emprimo 售电公司对用电时间不固定的商务人士的用电需求进行了调研，公司以数据管理为基础，从节能的角度为用户制定经济、灵活的电价套餐，率先推出了远距离跨区售电业务和针对大城市的"都市合约"售电业务套餐。

这种套餐类似于手机套餐，其中包含相对较低的基础固定费用和相对较贵的单价，适用于经常出差、生活时间不规律的商业人士，月固定费用便宜，但是单价较贵。

扩展阅读3.1

德国：Ubitricity 利用柏林路灯做充电桩

3.1 售电公司发展现状

截至 2017 年 2 月，全国已成立 6389 家售电公司。售电公司在全国各个省份（自治区、直辖市）的分布情况如图 3-1 所示。山东、广东试点的售电公司成立数量最多,共计 9 个省份的售电公司数量超过 200 家,剩余大部分省份(自治区、直辖市)的售电公司成立数量在 200 家以内。

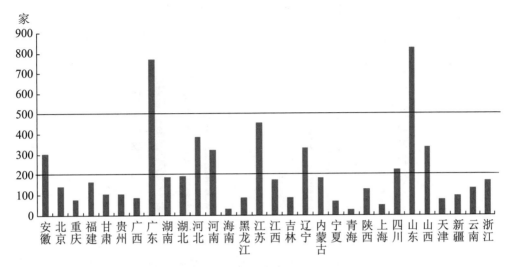

图 3-1 截至 2017 年 2 月售电公司数量

分别选取售电公司成立数量最多的广东,数量居中的安徽和数量较少的广西为代表,分析注册资本的分布情况。

三省(自治区)注册的售电公司的数量及注册资本分布情况如图 3-2 所示。由图可知,不论省内注册的售电公司数量多与少,其中大部分的注册资本为 1 亿元以下的中小型售电公司,少部分为注册资本 2 亿元以上的大型售电公司,注册资本在 1 亿~2 亿元之间的售电公司数量占比最少。

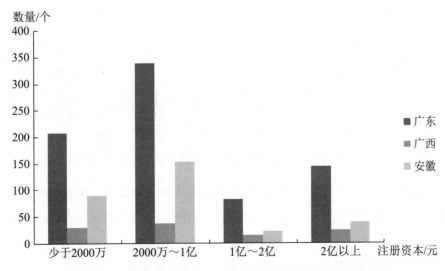

图 3-2 三省(自治区)注册的售电公司的数量及注册资本分布情况

广东省2017年1—11月广东省月度竞价交易成交电量和出清电价如图3-3所示。由图可知，广东省月度竞价的总体成交电量呈现出较为稳定的上升趋势，而出清电价虽然在整体上保持上升趋势，但是相邻月度之间的波动幅度较大。

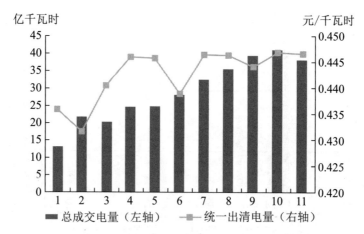

图3-3　2017年1—11月广东省月度竞价交易成交电量与出清电价

2017年1—11广东省月月度竞价供需比与出清电价如图3-4所示。由图可知，市场供需比存在着较为显著的下降趋势，而出清电价呈整体上升态势。

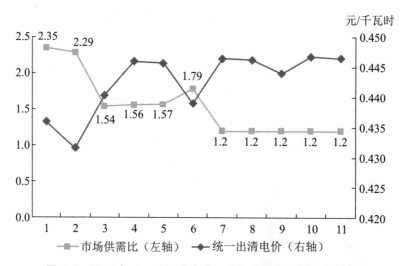

图3-4　2017年1—11月广东省月度竞价供需比与出清电价

2017年1—11月广东省月度竞价交易的用电企业与发电企业的参与数量、成交数量和成交比如图3-5所示。根据该图可知，用电企业参与数量不断增加，成交数量随之增加，成交率保持在较高的水平，成交率最低约为98%；发电企业参与数量呈现出先减少后增加的趋势，成交率波动较大，最低成交率约61%。

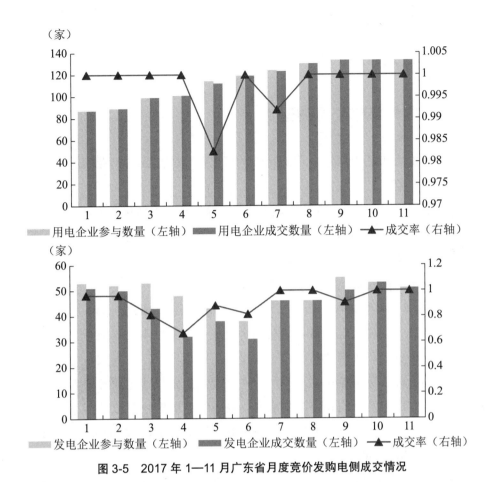

图 3-5　2017 年 1—11 月广东省月度竞价发购电侧成交情况

结合上述三图（图 3-3，图 3-4，图 3-5），在 2017 年广东省月度竞价电力市场中，由于供大于求，用电企业的购电需求较为容易得到满足；而发电企业的售电成交存在更大的风险，成交率与参与数量存在着显著的相关性。由于 2017 年广东省月度竞价市场中的供需比始终大于 1，在月度竞价报价中，用电企业申报价差只要不过高，则可以达成交易，并通过统一出清电价享受低于火电标杆电价的交易电价。实际竞价交易中，发电企业多采用"搭便车"的报价策略，即申报价差"0"后坐等其成，且该类电量电价占到了总量的 97% 以上。

在分段报价的电力市场中，发电企业会倾向于将大部分的容量申报较低的电价，确保大部分容量中标上网；但是将少部分的容量申报较高的出价，以便将统一出清的边际电价抬高，使得前面的低价容量部分"搭便车"。但是在 2017 年广东省月度竞价市场中，市场供需比较高，1—6 月的最低市场供需比为 1.54，在发电企业没有串谋的情况下，成交电量难以达到发电企业申报的少部分的高价容量。在 7—11 月中，市场供需比降低到 1.2，市场出清电价显著上升。

3.2 售电公司的分类

3.2.1 国外售电公司类型

总结国外电力市场中售电公司的特性,可以从资本来源与商业模式上将国外的售电公司分为6类:

(1)垂直一体化公司。某些国家虽然已经进行电力市场化改革,开放发电侧和售电侧电力市场,但是输配电业务并未从原来垄断经营的垂直一体化公司中拆分出来。例如,在日本,东京电力公司和其他9个电力公司分别控制本区域内洞安利的发输配售业务和系统运行,且在电力市场占据优势。

(2)发配售一体化公司。在未实行配售分开或者配电业务剥离不完全的市场,发配售一体化公司同样是电力市场化前由垂直一体化的供电公司拆分输电业务而来的,其拥有发单资产,直接通过子公司间接持有配电资产。此类大型电力集团,如德国四大电力公司、英国能源供应公司等通常至二级发展售电业务或者全资子公司的方式售卖电力,在发电侧和售电侧都占有很高的市场份额。2014年德国售电市场份额情况中,四大电力公司(RWEAG、EnBW、E.ON AG、Vattenfall Europe AG)所占的市场份额超过44%。

(3)发售一体化公司。在实行配售分开,配电业务完全从母公司剥离,实施产权分离的国家或地区,原垂直一体化公司仅保留发电业务和售电业务,配电业务由配电公司专门运营。典型的发售一体化公司有澳大利亚AGL能源公司、新西兰大河电力等。发售一体化公司通常采用发电、售电一体化经营模式,有利于降低交易成本,平衡公司内部盈亏。

(4)购电公社。主要是针对美国售电市场提出的,购电公社由地方政府主导,代表当地居民到电力批发市场购电,并销售给当地用户。购电公社不以营利为目的,通常还会购买当地新能源电力,为开发新能源电力出力。

(5)综合能源服务公司。公司业务以电能、燃气、热力为核心,提供多项配套服务。例如,德国各城市的公共事业服务公司,在管理当地能源供应和基础设施服务的同时,也拥有配网资产。日本东京天然气公司在售电侧开放之后也涉猎了售电市场,以捆绑销售的方式售卖天然气和电力,积极争取不同领域的潜在客户。

(6)独立售电公司。独立售电公司是在电力市场自由化改革后新引入的售电主体,由发电、输配电企业以外的社会资本组建,不拥有发电和配电资产,商业模式有较强的灵活性。与其余类型售电公司相比，独立售电公司在传统的电力购售业务中处于劣势，它们主要的竞争优势在于创新性的商业模式和增值服务。

3.2.2 我国售电公司分类

《关于推进售电侧改革的实施意见》（简称"配套五"）将售电公司分为三类：第一类是电网企业的售电公司；第二类是社会资本投资增量配电网，拥有配电网运营权的售电公司；第三类是独立的售电公司，不拥有配电网运营权，不承担保底供电服务。考虑到电网企业与配网型售电公司的运营模式相近，且含发电和不含发电的售电公司运营业务模式的差异，本章将我国的售电公司划分为如表3-1所示的四类。

表 3-1 售电公司分类

类别	条件与资质
配网型	负荷市场准入条件；具备（输/配）电网运营权；有零售商资质
发电型	符合市场准入条件；具备发电能力；有零售资质；部分经过批准和授权可具备新增配网运营权
社会型	符合市场准入条件；不具备电网和发电资产；有零售资质
中间代理商	通过工商注册；具备代理服务资质

1. 配网型售电公司

配网型售电公司符合市场准入条件，具备电网运营权，由电网公司或者社会资本投资的增量配电网运营商组建而成。该类售电公司在其供电营业区内仅有一家，具有提供保底供电服务及输配电服务的义务。具体而言，在增量配网放开的部分，存在社会投资的电网运营商，而未放开的部分继续由电网公司提供配电服务。对于配网型的售电公司，从运营方式和成本—收益计算的角度出发，电网公司投资成立的售电公司与社会资本投资成立的售电公司没有显著的区别，本章中不再做细分，但配网型售电公司与发配一体化公司的业务模式与风险管理存在显著的差异性。

2. 发电型售电公司

发电型售电公司符合市场准入条件，具备发电能力，部分经过批准和授权可以具备新增配网运营权。该类发电公司是由拥有分布式电源的用户以及微电网投资组建而成，因其具备发电自治，可以与用户直接建立交易关系。

由于能源类型、投资主体和运营方式的不同，发电型售电公司的分类较为复杂，按照其能源类型和主要的运营特点，本章将其划分为如图3-6所示的三大类，即传统能源发电类售电公司、新能源发电类售电公司和辅助服务类售电公司。

（1）传统能源发电类售电公司，以煤电、水电、燃气等作为主要的电源类型，其发电量和成本—收益计算取决于所属区域电网的年度发电计划和计划外参与市场交易的部分。年度发电计划由区域电网根据计划内的供需关系，按照一定的计划制定原则分配到区域内的各个传统电源机组上。因此，对于传统能源发电类售电公司，计划发电部分的成本与收益相对固定。而随着我国电力市场化改革的深入，将逐步由计划发电向完全放开的市场交易过渡，计划发电部分会逐步减少。决定发电型售电公司的成本—收益将逐渐随之转移到市场部分，需要售电公司在中长期、月度以及现货市场等方面通过合理的决策获取相应收益。

（2）新能源发电类售电公司，其电源类型主要为风电、光伏、核电等清洁电源和可再生能源，而按照规模的不同可以分为大规模新能源和分布式可再生能源两类。其中大规模新能源发电类型的电厂当前受到国家发展可再生能源发电政策的支持，大规模风电、光伏发电按照《可再生能源保障性收购政策》由当地电网对其基本进行保障性收购。由于保障性收购小时数是由当地的风资源/光照强度决定，因此在当前的政策支持下，保障电网安全稳定发展的基础上大部分的可并网风电、光伏发电均得到了保障性收购，其发电量和成本—收益相对稳定。而分布式的新能源发电主要以微电网、园区式多能互补系统等方式构建和运营。进一步，按照其投资主体的不同，运营方式的不同（自发用电、余电上网和微平衡等模式），分布式新能源发电类售电公司的运营和成本—收益计算相对复杂。

（3）辅助服务类售电公司，其电源类型主要为抽水蓄能、小火电以及储能系统等，通过高峰时段售电（低谷时段用电）来获取利益。当前，我国尚未建立辅助服务市场，各大区域电网均针对辅助服务制定了一系列的计量和补偿措施。对提供"削峰填谷"的机组而言，其调峰行为受到当地电网的调控，属于被动调节并根据其实际效果获得收益。但是随着售电侧市场的逐步放开，现货市场的建立必将伴随辅助服务市场的建立，辅助服务类售电公司的运营和售电策略将复杂化。

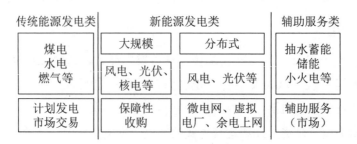

图 3-6　发电型售电公司的分类

3. 社会型售电公司

社会型售电公司符合市场准入条件,但不具备电网运营权和发电能力,由资产实力雄厚的社会企业投资组建而成。该类售电公司数量众多、竞争意识强烈,是售电市场最基本、最普遍的组成部分。

4. 中间代理商

中间代理商通过工商注册,由资产能力暂且不足或者尚不具备相应客观条件的企业组建而成。技能服务公司、公共服务行业、高新技术园区与经济开发区在成立售电公司之前,最好先承担中间代理商的角色,吸取业务经验。

3.2.3 各类售电公司在电力市场中的角色划分

电力市场的运营主体主要由发电公司、电网公司、电力交易中心、售电公司和用户等构成。这些市场主体之间存在复杂的购售电关系,大多数购售电合同的能量流按照"发电公司—电力交易中心—售电公司—用户"的供应链或者子供应链方向流动。但对于含分布式新能源的售电公司,"自发自用,余电上网"模式下可能存在逆向流动。各类电力公司在电力市场中的角色划分如图3-7所示。

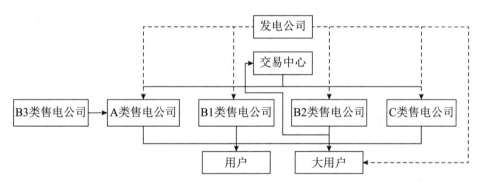

A:配网型　B1:传统发电型　B2:分布式发电型　B3:辅助服务型　C:社会型

图3-7　电力市场中售电公司的角色划分

图3-7中,电力市场中的售电公司,仅配电型、发电型和社会型售电公司具有零售电资质,而中间代理商不具备零售电资质,图3-7具体未表示出该类售电公司的角色,其主要功能是在电力交易中心和其他类型售电公司之间进行交易。对于其他类型售电公司,在购电方面,售电公司可以与发电公司签订合同进行双边交易,也可以在交易中心通过竞标方式集中交易。在售电方面,用户自由选择售电公司签订合同进行交易。各类售电公司由于组建资质各不相同,因而具有不同的购售电途径及特点。

1. 配网型售电公司

在购电方面，配网型售电公司经验丰富、资源广泛，更容易与发电公司开展双边交易。在售电方面，配网型售电公司拥有大量用户基础，提供所在区域的保底供电服务，售电量稳定可观。由于配网型售电公司承担着配电网安全稳定运行的责任，因此除了与发电、用户的交易，往往需要与具备调节能力的辅助服务型售电公司进行交易。在电力市场中，由于配网型售电公司掌握大量的区域用能数据，可以为发电公司、电网公司、配电公司等开展负荷预测，协助完成电力系统的经济调度。同时，配网型售电公司可以协助开展需求侧管理，将需求意向直接体现在电价或者合同中，引导广泛用户参与。

2. 发电型售电公司

在购电方面，发电型售电公司可将所属发电企业生产的电力通过内部协调直接销售，因此价格浮动幅度灵活，购电过程简单易行。在售电方面，传统型的发电售电公司主要与用户、大用户进行交易，而含有分布式电源的发电型售电公司则可将余电上网销售。具备新增配网运营权的发电型售电公司，则可自建电网直接向用户售电，进一步扩大盈利空间。

3. 社会型售电公司

在购电方面，由于用户群体具有相对不确定性，社会型售电公司需要灵活把控双边交易和集中交易的比例，尽可能降低购电风险。在售电方面，社会型售电公司创新意识和市场竞争意识强烈，服务内容丰富，具有较大的竞争潜力。

3.3 售电公司的业务模式

3.3.1 购售电业务

根据购售电业务的交易主体、时间尺度与结算电价等特点，本章将售电公司的购售电业务基本模式划分为如图 3-8 所示。

1. 统购统销电业务

统购统销电业务只由配网型售电公司承担。配网型售电公司根据区域内的负荷需求和机组发电能力、相关政策和电网结构，安排区域内各个机组的基础发电小时数。配网型售电公司的统购统销业务在发电侧承担了可再生能源保障性收购的义务，在售电侧承担了兜底供应商的义务。在当前的统购电业务中，购电电价对应各类机组的标杆上网电价，售电电价对应各类用户的目录电价，二者均由各地政府部门制定。对配网型售电公司而言，统购统销电业务的电量、电价相对固定。

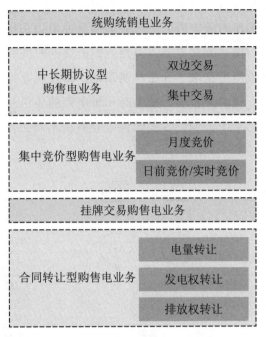

图 3-8 售电公司购售电业务基本模式

2. 中长期协议型购售电业务

包括中间代理商在内的各类售电公司均可能存在中长期协议型购售电业务。中长期协议型购售电业务按照参与主体和组织形式，可以分为双边交易和集中交易两类。对售电公司而言，双边交易的交易对象为各类发电企业或者中间代理商、电力用户和电力大用户等，其交易类型为"一对一"交易；而集中交易的交易对象涉及多个售电公司、发电企业或者电力用户，乃至电网公司，交易类型为"多对多"。中长期协议型购售电业务的种类划分如下。

（1）按地域跨度划分：跨区（省）购售电、区域（省）内购售电；

（2）按电源类型划分：出力确定型购售电、出力不确定型购售电；

（3）按交易标的划分：实物交易和金融交易、电量交易和容量交易、电能交易和服务交易。

中长期协议型购售电业务的各方报价策略和交易结果将会因为交易关系的不同而产生巨大的差异，不同交易关系如图 3-9 所示。"一对一"交易关系中，单一发电商与售电商（大用户）之间进行谈判报价，并签订双边交易实物合同。不完全信息下，发电商与售电商之间如何通过后验信息进行报价谈判是该类业务的重点内容。"多对一"交易关系中，多个发电商与单一售电商进行交易时一般采用竞价拍卖的合同签订方式，售电商通过专门的信息发布平台公布其需求，满足要求的发电商向售电商投标报价。参与投标报价的各发电商均只知道自己的报价，而不清楚其他发电商的报价，即参与投标的所有发电商处于非完全信息的电力市场中。各发电商将自己的报价通过密封的信封发送到售电商，虽然他们上交的时间有先后，但是在博弈结束的时候彼此都不知道对方采取了什么样的策略，即发电商处于一个非完全信息静态博弈中。"一对多"交易关系中，发电商和售电商的角色互换，售电商处于非完全信息静态博弈中。对于中长期协议型购售电业务在不同交易关系下的风险分析与管控模型构建将在后文进一步描述。

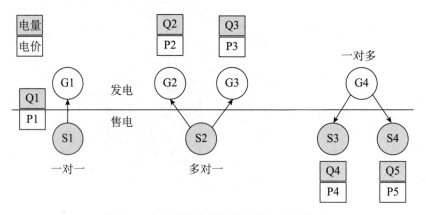

图 3-9　中长期协议型购售电业务交易关系

3. 集中竞价型购售电业务

集中竞价型购售电业务按照时间跨度可以划分为月度竞价和日前/实时竞价。其中月度竞价在我国的大部分电力改革试点省/区域已经试行，而由于现货市场和平衡市场的缺失，当前售电公司日前/实时竞价业务尚未进行。集中竞价的电价结算方式主要分为 PBA（Pay as Bid）模式和 MCP（Market Clearing Price）模式。

4. 挂牌交易购售电业务

挂牌交易购售电业务按照交易流程的不同，可划分为单项挂牌交易和双向挂牌交易。单向挂牌交易指市场主体通过电力交易平台，将需求电量或可供电量的数量和价格等信息对外发布要约，由符合资格要求的另一方提出接受该要约的申请，经安全校核和相关方确认后形成交易结果。按照挂牌对象的不同，挂牌交易可以分为电厂侧挂牌、用电侧摘牌和用电侧挂牌，电厂侧摘牌两种形式，其组织流程分别如图 3-10 所示：

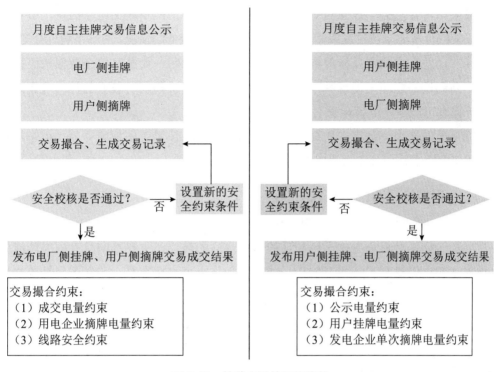

图 3-10 挂牌交易的组织流程

（1）交易挂牌。在挂牌周期内，用电企业根据自己对电价的承受能力，通过电力交易平台申报单段挂牌电量、电价。

（2）交易摘牌。在摘牌周期内，发电企业根据自己的边际发电成本，在价格接受范围内对挂牌电量进行摘牌，总摘牌电量不能超过发电能力约束。

（3）交易撮合。交易组织者根据挂牌、摘牌信息，按照交易规则进行交易撮合，形成无安全约束的交易结果。在电厂侧挂牌、用户侧摘牌的交易模式中，交易撮合约束条件包括成交电量不超过总需求量约束、用电企业摘牌电量不超过电厂的发电能力约束、线路潮流不超过有功传输极限约束等；在用户侧挂牌、电厂侧摘牌的交易模式中，交易撮合的约束条件主要包括公示电量不超过发电企业发电能力、用户挂牌电量不超过用户需电量、发电企业摘牌电量不超过剩余发电能力等。

（4）安全校核。电力调度机构根据电网安全约束对初始交易结果进行安全校核。通过校核后才能形成正式出清结果。

当前我国各电力试点中，挂牌交易主要以单向挂牌交易为主。然而，单向挂牌交易存在较大的局限性。以需求电量挂牌交易为例，单向挂牌交易模式的局限性体现在两个方面：

其一，由于挂牌交易的成交价格等于被摘牌对象的挂牌价格，发电企业为追求利润最大化，必然会一致地对更有利的报价进行摘牌，但受成交电量约束，市场将会出现某些价格电量被过度摘牌，摘牌电量成交比例较低的情况，局部市场过分竞争。

其二，发电企业的总摘牌电量受到发电能力的限制，如果发电企业都按照挂牌价格从高到低的顺序进行摘牌，必然无充裕的能力对价格相对较低的挂牌电量进行摘牌，极有可能导致市场竞争不充分的问题。

针对单向挂牌交易存在的局限性，有相关研究设计了双向挂牌交易，由于不是本章的研究重点，此处不再进行介绍。

5. 合同转让型购售电业务

合同转让型购售电业务包括电量转让、发电权转让、排放权转让。

电量转让是对市场主体已经签订的交易合同的转让，主要是向具有同类功能的市场主体的合同权利义务概况转让，主要作为与电力直接交易、跨省区交易的并列的一种交易形式。

发电权转让交易指发电企业由于燃料或水力等一次能源不足，或机组计划外检修，或由于发电成本高，或环保要求等原因，在同一发电集团公司内部或不同发电公司间转让部分或全部上网合同电量的交易。

排放权权转让是在当地环保部门的监督和指导下，碳排放企业之间就富余碳排放权依法转让所达成的一种协议。订立碳排放权交易合同的双方当事人可以对有关碳排放权交易的标的、价格、数量、地点、时间、违约金等具体内容进行充分协商，达成一致意见并签订书面合同。

3.3.2 增值服务业务

未来的售电公司将是服务型企业，除了本职的售电业务，应根据自身特点及优势开展有差异的增值服务，最大化地满足不同类型用户的用能需求。增值服务包括个性化服务、节能化服务、清洁化服务、网络化服务和综合化服务。

1. 个性化服务

个性化服务的内容可以归纳为：用电管理、用能分析、套餐定制和能耗监测。首先，售电公司可以根据工商企业等大型电户用户的需求，开展用电管理服务，为其统计历史负荷数据，分析电能消耗水平，制定合理的用电方案。其次，根据中型电力用户及小型家庭电力用户的用电习惯，提供设备及整体的用能分析，帮助节省用电支出。再次，售电公司可以借鉴德国 Emprimo 公司的销售经验，根据电力用户的特殊需求为电力用户量身制定电力套餐。最后，售电公司可以研发用能监测平台，开展能耗监测服务，对上述个性化方案的实施效果进行追踪。当前，个性化服务的主要发展趋势为提供各类套餐，如表3-2所示。

表3-2　当前主要的个性化用电套餐类型

类　　型	简　　介
家庭套餐	定制差异化服务，分别定制产品策略、价格策略、渠道策略以及促销策略并予以定制不同套餐，吸引不同家庭客户群体。满足不同客户需求，不断挖掘市场。这类套餐需要做好交互式体验，加强实时反馈，例如，提供24小时的咨询服务，开通专门的热线电话和定量短信、邮件、微信等提醒服务
工业大用户套餐	大用户套餐定价要低且稳，套餐中应当配有专业电力技术维修人员定期免费上门检修，保证供电的安全稳定，减少停电事故的出现，尽可能优化用户体验。生产企业和大型商场、写字楼等都是售电公司主要的用户类型，而其在选择售电公司时主要有两方面的考虑：一方面，电能质量和供电稳定性，关系到大用户的征程生产运营，这是选择售电公司的前提；另一方面，对于大用户，尤其是生产运营成本对电价敏感度较高的用户而言，电价的稳定对于用户指定生产计划、测算经济效益而言具有重要意义。因此，要与工商业大用户进行协商，合理确定套餐内容
定点定价套餐	在用电高峰、低谷时期分段定价进行售电，是世界上在夏季用电高峰期经常会采用的电价策略。因此，该套餐适合鼓励人们节约用电
绿色能源套餐	绿色能源套餐是基于区域有不同能源发电的用户定制的，目前西北地区利用优质太阳能够开展光伏发电、利用风能进行风力发电，青藏地区利用地热能进行发电，南方有些地区利用潮汐能进行发电，对于不同能源的售电价格可以采取不同的销售补贴，鼓励这些地区的用户优先选择清洁能源发电的电能，这样可以减轻环境的污染，推广清洁能源

2. 节能化服务

为了促进电力行业低碳化发展，节能化服务的内容可以归纳为节能方案设计、节能技术咨询、节能技术开发、节能电器供应。一方面，售电公司根据电力用户的用电习惯，进行节能方案设计与节能技术咨询，制定经济有效的节能计划，改善用户的用电消费行为。另一方面，售电公司根据业务范围，加强节能技术研发和节能电器设备供应，提供设计、安装、维修、保险等配套服务。例如，日本东京电力公司推广电感应加热炊具、节能热水器等高效电气产品，实现了构建"节能化住宅"的营销策略。

节能化服务最终需售电公司与用户签订既定节能项目和节能目标的节能合同来实现。售电公司利用自身的技术优势为用户提供综合能源服务及节能设计方案，并从降低的能源成本中收取服务费用以获取合理的利润。用户安装节能设备后，也能优化用能习惯，节省一定的用电费用，这样就在供需双方共同获利的同时，达到节能减排的目的。

在技术日益成熟的情况下，售电公司可将用户纳入分布家庭式电源的一方。用户作为电能主动方,可通过售电公司提供的设备平台进行电能生产、转让和销售,从而在满足自身电力需求的同时,将剩余部分卖出获取利益。对于用户而言,分享电力相当于是自发自用,因而价格十分低廉,相较于外部电力的成本也较低。

对于用户而言,其作为分布式电源端销售电能,通过售电公司提供的交易平台直接交易,可以在售电公司的帮助下选择买价最高的用户卖出电力获取最优利益。对于售电公司而言,首先自身具有一定的电力储备以供用户自身发电不足时购买,其次提供给用户发电、储能设备,让用户自产自用。同时又是市场交易的中介,可以运用大数据技术和云端调配系统,将用户剩余电量在交易系统中买卖获取一定的利润回报。

(1)扶贫模式:在用户的用电现场建设小型的光伏发电站,以此为载体,根据国家相关政策,用户以家庭为单位,向当地银行申请光伏扶贫资金或无息贷款。用户将电站质押给银行,每月以电站的收益来偿还银行贷款,参与的相关光伏企业为用户提供电站运维服务,并且参与前期的设计和施工,保证光伏项目质量。同时,电力局为用户安装双向电表,计算每月光伏发电站发电量和用户用电量,并按照相关电价收购合同规定电量,计算电站收益,且将此部分收益按照规定分给银行、光伏企业和农户。在光伏扶贫模式中,申请单元是农户,收益直接归农户,农户可直接增收,起到快速脱贫致富的作用。

(2)EMC模式:即合同能源管理模式(energy management contract)。企业与光伏用户签订节能服务合同。企业负责节能服务,涵盖项目的全寿命周期,如"设计—融资—采购—施工—安装—调试"、能源审计、技术培训等节能服务。企业保证用户的节能量。这种模式中,企业为用户进行节能改造,从节能效益中收回投资,取得合理利润。EMC模式是普遍推行的节能服务机制,主要是通过市场手段来促进节能技术发展。企业与用户签订合同后,进行能源管理,提供节能诊断、融资、改造等服务,利用共享能源费用差值的形式,逐步回本获利。其可以有效降低用户技能改造资金的投入,也可以有效规避所带来的节能改造技术风险,能够充分调动用户节能改造的积极性。

(3)BOT/BOO模式。在光伏发电项目中,政府和企业之间的合作模式一般采用BOT模式和BOO模式两种合作模式。BOT模式,即建设—经营—移交模式(build operate transfer)。在国际工程中,标准的BOT方式是由私人财团或者国外财团自己融资设计、建设的基础设施项目,开发商根据合同约定,经营一段时间以收回投资,经营期满,项目所有权或者经营权将被转让给东道国政府。该模式是由政府提供一种特许权协议,可以使项目的酱色和金银具有相应的融资基础,再由公司作为项目的投资者和经营者,将风险转移到公司,由公司来进行融资和开发建设项目,并在合同期限内经营项目，企业一次获取利润，合同到期时，依协议要求，将项目移交给政府。有时，BOT 模式的过程被称为暂时私有化过程。目前，在光伏发电这个新生行业里，由于政策的不完善和市场的不稳定，在分布式光伏发电项目上，企业与政府之间，更趋向于选择政企合资的投资方式，因为这种方式能够很好地与政府利益捆绑在一起，进而能够获得更多的优惠政策，也能够扩宽融资渠道。这种政企合资建设的分布式光伏发电站，竣工后，顺利并网，按照光伏标杆电价，政府向企业购电，合同到期，企业将电站无偿移交给政府。BOO 模式，即建设 - 拥有 - 运营模式（building owning operation）。对于光伏发电的 BOO 模式，一般是政府无力承担后期运营，政府通过协议特许，允许投资商对项目一直运营，从光伏发电站获得并网发电之日起计算，双方约定用电电价，以实际发电量为准，计算具体金额。投资者一般只有企业一方，政府的参与主要是为了利用政策条件去协助和引导企业来投资并获得光伏发电过程中的环境效益，不参与项目投资经济收益的分配。在光伏发电项目中，这两种模式有很大的不同。在 BOT 项目中，特许期结束后，企业必须将项目移交给政府，但是在 BOO 项目中，企业不受任何时间限制，一直有权经营项目。实际上，BOT 模式中，在一定期限内，振幅仅仅是赋予私人投资者经营权，并无所属权，项目的本质属性并未改变。也就是说，政府运用 BOT 模式，仅仅是政府给投资者一段确定的时间，用获得的经营收入来收回投资和获取部分利润，之后，项目要交还给政府。但是 BOO 模式中项目的所有权和经营权均属于企业。这两种政企合作模式积极地促进着新型盈利模式的诞生。利用 BOT/BOO 模式，政府可以在一定程度上缓解财政压力，解决政府希望建设光伏发电项目但又受制于庞大资金需求的矛盾。在新农村建设的过程中，有部分个人或者企业独立出资建设的分布式光伏电站，但是这种独资模式的装机量占比不大，目前还不是主流的分布式光伏发电推广模式。

企业与个人间的 BOT/BOO 模式：由节能服务公司来投资建设运营合同能源管理项目，通常和客户商定，按照某一能源产品（如电、政企、热水等）的数量来计算节能效益，双方约定分享比例，落实交易价格，在一定合同期限内，客户向节能服务公司支付节能收益，合同执行完毕，向客户移交。一般客户对节能服务公司供应的余热（余压、余气等）资源是免费的，按照税务制度规定，节能服务公司销售给用户的产品应当缴纳增值税。这也要求节能服务公司具有增值税一般纳税人资格。同时，这部分增值税作为客户的增值税进项税额，客户可以在缴增值税时进行抵扣，因此，增值税并没有增加客户负担。对于节能服务公司，由于国家规定新购进固定资产（设备等）时缴纳的增值税作为进项税额可以抵扣，因此，一般在合同能源管理项目运行的两年半左右，节能服务公司不用缴纳增值税。抵扣完毕后，开始缴纳增值税。

3. 清洁化服务

为促进清洁能源应用，清洁化服务的内容可以归纳为：电动汽车、DG 设备、技术培训和 DG 并网服务。在电动汽车服务方面，学习德国 Ubitricity 公司的技术手段，将普通路灯改装为电动汽车充电桩，有效解决电动汽车的充电问题。对于拥有 DG 的售电公司，可以为农村及偏远山区用户销售风力照明灯、屋顶发电等分布式电源设备，提供相应的使用培训及维修咨询，帮助用户利用新能源技术解决部分用电、用热等日常消耗。此外，在技术成熟和条件允许的情况下，售电公司可以代理执行分布式电源并网业务，提高分布式能源的利用效率。

4. 网络化服务

在大力发展"互联网+"时代，售电公司应不断促进用电方式的网络化，提供网络化服务。售电公司通过研发推出互联网、移动设备软件等新型网络服务平台，改善用户体验。在此基础上，售电公司应普及智能电表的使用，获得更精准的用户用电数据，为实现网络化服务提供数据支持。同时，可以借鉴美国 Opower 公司的经验，将收集的数据在网络平台上进一步统计和分析，为用户建立在线电力档案，方便用户随时查看电子账单、用电能耗等情况。此外，售电公司与其他平台合作，能够提供更多的网络化服务。例如，与支付平台合作，开发网上付费功能，实现用户"一键缴费"的便捷操作；与社交平台合作，开发"邻里比较"功能，用户随时在社交圈中查看用电排序情况，提升用户效应。

5. 综合化服务

为了促进资源整合，公共服务行业组建的售电公司可以开展综合化服务业务，内容包括能源销售、能源管理、最优方案、电能替代。售电公司可以借鉴德国 Entega 能源公司的经验，将售电业务与供水、供暖、供气等其他能源业务捆绑销售，并且向用户提供销售、咨询、优化等"一站式"综合能源管理服务。对于同时使用多种能源的企业和家庭，售电公司可以通过经济性分析，为其制定最优综合能源使用方案。此外，售电公司利用电能的经济性和环保性，开展"电采暖""油改电""煤改电"等电能替代项目。

开发用电管理系统平台和移动应用，以购电量和用电量查询管理系统（如网站、手机 App、微信公众号）为入口拓展其他业务，改善用户体验。售电公司可以给用户安装智能电表等监控产品，通过连接用户用电设备，在管理系统平台或引用中实时反映用户各个时间点和各个用电设备的精准用电情况，以此让用户可以合理控制各个设备的运营。

售电公司可以将用户的用电数据进行统计分析,为用户建立网上用电档案,再进行用户分类,给出各类用户的统计报告,并按照需求分析不同类型用户的耗电情况,为接下来的节能服务做数据支持。

互联网系统应当基于大数据分析和云端数据库存储来建立包括电费支付、用电套餐、实时电量监控、沟通社区、保修服务、网上咨询、用电报告在内的一系列网上服务。对于居民用户可以开发个人电费管理,与支付平台、交流平台、地图导航平台建立合作,除了方便管理自己的电费账单、查阅用电数据和各种价目,还可以搜寻附近的充电桩,控制家里可远程调控的电气设备,了解最细腻的电价和能源信息。对于工业、商业等用电量较大的用户,可以开发安全保障系统,通过智能电表及时传输反映电路故障或者运转问题,从而快速为用户提供检修服务等。

3.3.3 输配电业务

不同电力试点对于输配电业务的规定不同,本章选取具有代表性的深圳试点与蒙西试点为例,介绍输配电业务。

1. 深圳电网

深圳电网是我国第一个进行输配电价改革的试点单位,深圳模式的出现,将电网企业依靠获取购销差价收入的盈利模式转变为对电网输配电价收入进行监管的模式。以电网企业有效资产为基础,以准许成本加合理收益为原则,将电网输配电输入固化。进而,对输配电价进行独立核定,明确核定方法,建立对电网企业的成本约束和激励机制。深圳模式的主要特点有以下五点。

1)建立独立的输配电价体系

在发、输、配、售四个环节中,目前只有输配电具有自然垄断属性,发电侧与售电侧不存在自然垄断属性,可以进入竞争机制。2003 年,国务院出台的《电价改革方案》提出"发电、售电价格由市场竞争形成,输电、配电价格由政府制定"。电改经过了十余年,输电、配电、售电垂直一体化的垄断局面仍然存在,上网电价和销售电价仍由政府制定,而输配电价处于非监管状态。因此,从产业发展规律和电价改革的要求来看,建立独立的输配电价体系都是必不可少的,这是推动上网电价和销售电价两头放开的关键,也是深圳电改的意义所在。

2)规定电网企业新的盈利模式

目前电网的盈利模式是建立在行政手段决定的购销电量之间价差基础上,与银行依赖息差没有区别。本次深圳试点的核心，即剥离电网的购销电量的职能，改变现行电网企业盈利模式，明确规定电网企业按照政府核定的输配电价收取过网费的盈利模式，并对电网企业总收入进行管制，促使电网企业无歧视地开放电网，向输配电服务商转变。

3）设立了平衡账户

平衡账户的设立是落实对电网企业收入管制和价格管制的具体举措。平衡账户将电量差价利润反哺回电网企业和电力用户。当电网企业输配电实际收入大于准许收入时，大于部分不作为电网企业收入而是进入平衡账户，如果大于部分超过年度准许收入的6%，说明购销电量价差过大，应通过下调销售电价将差价利润返还给电力用户；反之亦然。

4）核定输配电成本

过去，电网输配电成本主要由电网企业自行上报，输配电成本不透明正是以往广受诟病的问题。深圳电改的核价范围为深圳供电局有限公司的输配电资产和业务，这在客观上增加了核价的难度。

5）建立电网企业节约成本的激励机制

如果没有有效的激励和约束机制，电网企业可能存在将成本做大的利益驱动，严控成本就成为一句空话，输配电价的核定就成为电网企业和监管部门博弈的游戏。因此，为鼓励电网企业加强管理，提高效率，方案设计了节约成本在电网企业和用户之间分享的机制，规定节约部分的50%留给电网企业。

2. 蒙西电网

与国家电网和南方电网的经营模式不同，蒙西电网是隶属于政府的电力企业，相较于深圳电网其经营范围更广、改革难度更大，但自身的独立性使其同国网经营区相比又相对容易进行输配电价改革。因此，选取蒙西电网作为试点具有代表意义。蒙西电力多边交易市场运营规则的目的是规范和完善蒙西电力多边交易市场的运营与管理，实现电力供应的公平性。运营规则包括以下内容：对电力交易市场准入与退出规范作出规定；对电力市场的交易进行规范，例如，对交易方式与交易种类等作出规定；对电力调度的运行与管理制度进行规范；对电力多边交易市场的结算方式进行规定；针对交易市场内信息的透明公开化、市场干预及争议等问题进行说明。

参与蒙西电力多边交易市场的主体主要为发电商、内蒙古电力有限公司及电力大用户。多边交易市场的准入规则对市场主体的准入条件、准入程序以及退出程序给出了明确方法，并对各交易主体的权利与义务进行规定。例如，对用户侧主体的要求是接入电压等级须为35千伏及以上的大用户。

蒙西电网对市场交易部分作出规定。此规定包含交易电量计划的审核与核定、交易品种、交易周期三项内容。其中，交易品种包括区外电能交易、大用户直购电交易及发电权交易等三类；交易周期分为年度、季度及月度多边交易。此规定明确了各交易周期内多边协商交易及竞价交易的具体实施方法和开放时间。蒙西电力多边交易市场是在各发电企业竞价上网，电网企业负责输电、配电及售电的电力运营模式基础上，将部分电量从全部发电量中分割出来，根据相应的准入条件，通过交易中心选择发电商与大用户，且进行电力直接交易，交易内容包含发电权交易、区外电能交易和大用户直接交易三类。蒙西电力多边交易市场分为两类：第一类是由发电商群与电力用户群在一个交易中心内进行同步交易，交易中心负责设定相应的交易时间间隔，在间隔内发电商与用户进行己方报价，通过交易中心对报价进行处理后，双方达成购售电交易；第二类是发电商与大用户进行双边协商，通过签订合同达成购售电交易。

即测即练题

案例讨论

综合能源服务——"天津模式"

2018年5月24日，国家电网公司与天津市人民政府签署《加快美丽天津建设战略合作框架协议》。在该协议的推动下，天津电力提出了争做国家电网综合能源服务模式创新的领军者、争做天津综合能源服务市场份额的领导者、争做提质增效转型发展的领跑者的工作目标。

2018年7月25日，天津电力正式挂牌成立国网（天津）综合能源服务有限公司，实现综合能源服务业务专业化、主营化、规范化运作；通过持续开展可再生能源配套电网建设，发展多能互补的一体化集成供能系统，促进可再生能源与智能电网融合发展，提高可再生能源消纳能力，构建了技术先进、智能互动的绿色能源型互联网，成功开发培育出综合能源服务三种典型商业模式。

一是实施"冷、热、电"一体化供应、综合能效一体化管理，为客户提供整体解决方案，提供"管家式"服务，形成差异化价值链商业模式；二是整合各类市场主体在政策、技术、资金和客户等方面的资源，探索打造多方共建、风险共担、利益共享的商业共同体，形成客户资源型商业模式；三是针对政府公建项目，引导供需对接，实现"综合能源公司组织、供应商共担投资、政府分期付款"多赢合作，形成平台化商业模式。

案例分析思路

第4章 电力市场的交易机制设计及制度安排

学习目标 >>>

1. 了解电力市场规划建设与电力市场发展现状，对电力交易市场设计的意识基础有一定的认知与掌握；

2. 了解构建电力市场的三个阶段，对电力市场设计中应建立的问题解决机制的两种安排方式具有一定的认知，了解平滑过渡机制；

3. 熟悉掌握构建并实现高级电力市场的两种模式，了解独立交易中心的任务分配情况；

4. 了解电力市场监管机制，对市场组织与管制的优化升级具有一定认知，了解市场先行论和电价先行论的概念。

引导案例 >>>

一场电力直供的冒险

"我们不得不这么干。我们已经被逼到绝路上了！如果国家再不对《电力法》第25条进行修订，我们只能是死路一条。"董静波一脸疲惫，声调悲凉而愤懑。

2004年5月14日晚上，山东济南琦泉热电有限责任公司董事长董静波率领着30余名公司员工，与隔壁的齐鲁制药厂平阴分厂一道，偷偷完成了实现双方"电力直供"的电路铺设工程，一直熬到次日凌晨的3点钟。之所以选择在夜里行动，是因为害怕平阴县供电局前来阻挠。

扩展阅读4.1

直购电吉林试点撕破中国电网垄断"铁幕"

供电局得悉情况后大为恼火，立刻对琦泉热电有限责任公司采取了"截网"的惩罚措施，然后将琦泉热电有限责任公司拉到县政府"对簿公堂"。而造成董静波采取这一行为的起因是：煤炭价格持续暴涨，公司只有两个月的缓存机会，而琦泉热电有限责任公司是民营公司，故不享有国营公司的平价供煤指标，银行也不愿意贷款，这些使得济南热电琦泉有限责任公司在处境上更为被动。

尽管越发电越亏损，但考虑到种种社会后果，董静波还是决定济南琦泉热电有限责任公司先顶上一阵，期望形势能出现些许转机。孤军无援的他只有以非常之策来应对非常之局。

（资料来源：https://finance.sina.com.cn/g/20040622/1342827521.shtml.）

4.1 交易市场设计的意识基础

4.1.1 电力规划建设和电力市场设计

电力投资项目呈现出规模大、周期长、不可逆、对环境和社会的外部性明显等特点。电力规划和市场设计在决策之前需要进行充分的研究、论证和规划。电力规则和市场设计的考虑因素包括：电负荷的现状和走势、电源的发展趋势、新技术的商业化程度、电力输配网的现状以及整个能源行业及其他相关工业等。

目前，中国电力规划的难点主要在于规划的约束力和执行力。电力规则不但要提高规划水平保证规划质量以达到规划的科学性，还要建立健全有关政策和法律以保证规划的落实。因此，电力规划必须依赖可信的电力工业信息。只有这样，参与者才能通过分析研究相关信息来规避风险。例如，市场上有典型事件数据可以用来分析极端情况，更有大量的一般数据可以用来描述电力发展趋势。

电力规划是"航标灯"，电力市场是"晴雨表"，二者互为补充。正确的电力规划能够把握电力工业发展的正确方向；好的市场设计能够激发电力行业参与者的能动性和积极性。

4.1.2 电力市场的发展趋势

目前，中国电力市场存在一定的不足和认识偏差，内容如表4-1所示。

表 4-1　目前中国电力市场的不足

问　题	解　释
电力直接交易障碍	当前开展的大用户直接交易、跨省（区）交易都是通过计划调度来执行的，实际用电曲线和发电曲线与交易的相关性不明显；受到电力实时平衡、安全约束和输电约束等因素限制，发电主体合同电量执行和实际用电量会存在一定的偏差
对电力市场无法正确认识	电力市场不一定会降低居民电价；电价高低和购电量多少不一定相关；不一定只有好的电力用户和发电企业才能进入市场
电力行业缺乏合格的市场主体	电力体制改革使市场在电力资源配置中起决定性作用，需要培育合格的市场主体，而当前电力市场主体对市场化的认识是不足的
潜在的市场化受益者尚未形成足够的力量	电力市场化进程的推动会产生大量的新市场主体，在改革初期由于制度不明确，导致受益的主体规模有限，对于继续推动改革力量有限

因此，为了克服上述不足，新一轮电改中的电力市场建设目标应为：改革价格机制，形成市场化的定价机制，极大提升企业的生产管理水平。

绝大部分电力市场在总体设计上逐渐趋于统一：一个以网络传输、机组出力限制为约束、满足实时电力负荷需求、基于机组报价并遵循经济调度原理的现货市场；一个考虑输电网络限制并和辅助服务共同优化的日前能量市场；一个分批按月出清的输电权市场；一个考虑系统安全运行需要的发电机组投入机制。

几个市场在早期也分别经历过：从区域模型到节点模型，从简单设计到复杂设计，从小覆盖区域到大覆盖区域，从物理合同性质到金融合同性质。几个市场的共性：各个市场都不同程度地在市场出清过程中，考虑电力网络的传输限制（这也是电力市场不同于其他市场的主要标志之一）。

我国现阶段的区域电力市场较为合理，区域电力市场间有充分的协调和交易。因此，建立电力市场的方式包括：

（1）电力市场建设初期，可将现有的"发用电计划"逐步转换成"市场主体自主协商的中长期合同"。市场主体自主协商的中长期合同有两种形式：一种是财务差价合同，与实际发用电无关；另一种是实物合同，发用电要平衡。

（2）电力市场建设初期，可将实时平衡市场与辅助服务市场合并，将实时平衡市场视为一种辅助服务。

目前，可以从年度、月度双边交易市场起步（包括现在已经开展的电力用户直接交易等），重在培育市场主体和市场观念。起步阶段的重点工作开展如表 4-2 所示。

表 4-2　起步阶段市场设计的重点工作内容

工作序号	内　容
1	逐步改变日计划制订方式
2	建立发电、用电双方报价的市场化实时平衡机制
3	着手建立辅助服务市场

续表

工作序号	内容
4	确定以区域为市场的交易范围
5	关于公益性和调节性发用电计划的执行
6	提前做好涉及市场建设的技术规范、规程

4.1.3 现货市场是市场设计的核心

合理的电力市场应分为批发市场和零售市场。批发市场通常以现货市场为标志，现货市场采用统一平台方式进行集中交易，而零售市场通常不需要统一平台和集中交易。电力市场不仅应该还原电力的一般商品属性，还应该适应电力的特殊物理属性，要遵循电力系统运行的物理约束和客观规律。

世界各国的电力市场改革，也都以现货市场（日前和日内）为核心。从目前世界各国开展的电力市场建设情况看，必须先把批发市场开动起来，继而推动零售市场的正常运行。

因此，中国电力市场必须包括"现货市场"。电力供大于求是必要条件，技术支持系统是运行电力市场的必要条件，市场设计合理，具有激励效应也非常重要。这些激励效应能使市场主体和地方政府愿意参与市场，也能使网架结构发展更合理，电网更安全。在关于电力现货市场的认识上，必须厘清以下问题，如表4-3所示。

表4-3 认识层面的关键问题

关键认识问题	解释
现货市场的重要性	电能无法量化储存；及时反映瞬间的电力供求关系，真实反映电力资源在不同时间的价值。现货市场的作用：现货市场保证电能的时间价值和空间价值。不论购售双方达成了什么样的合同（财务结算合同或实物交割合同），都必须在生产日前（日前市场）通过竞价，或由购售双方自行协商形成一条可以在次日执行的电力（功率）曲线，并告知电力系统的运行者（电力交易中心、电力调度中心）
现货市场设计的执行主体	现货市场的设计、开发、调试、维护由电力交易中心负责牵头；现货市场的出清过程由电力结算中心和电力调度部门负责；现货市场的结算功能划归交易、结算机构
日前市场、输电权市场和容量市场设计的执行主体	只要电网公司或电力调度中心能维护并保证提供各个市场出清所需要的相应的输电网络模型和有关电网安全运行的信息，这几个市场的设计、开发、调试、维护和运行，则可完全交由电力交易中心负责
现货市场出清结果	一个是调度基点，用以在给定网络和负荷条件下控制发电机运行；另一个是市场出清价格，既用来做现货市场的结算，又为前期市场设立一个价格预期
现货市场和中长期交易的关系	中长期交易能起到金融上的保障和安全性，而现货市场是给中长期交易的一种平衡和灵活性。中长期交易占60%～90%的比重是一种合理的策略

现货市场的能量传递必须要由电网控制来保障，比如频率控制、电压控制、备用能力、黑启动等。市场规则要求在能量市场中买能量的同时，必须要购买辅助服务。把一些辅助服务与能量市场同步耦合，能更有效地利用电能。

电力市场和电网调度是一个相互配合、相互协调的复杂系统。电力系统的物理特性体现在电力市场中就是能量交易的实现必须满足电网的物理特性，这个物理特性就是调度。

目前，比较完善的电力市场都有一个实时电力市场：有的实时电力市场是全电量供需平衡交易（市场出清完全由报价和电网运行状态决定）；有的实时电力市场是部分电量供需平衡交易（即计双边合同后余额电量平衡交易）。实时电力市场的建立条件如表 4-4 所示。

表 4-4 实时电力市场的建立条件

序 号	条件与保障
1	地方政府和市场主体的意愿是最重要的条件
2	技术支持系统是必需的条件
3	在电力供应宽松时，进行市场化改革不会承受很大电价上升压力，很可能会出现电价下降的情况
4	电网结构对电力实时市场的设计至关重要

4.1.4 零售市场改革可滞后进行

电力市场中存在两个方面不可忽视的问题：一方面，在短期内，电力储存的规模会非常有限，售电侧的储电能力更是微乎其微。另一方面，近年来，安装的智能电表迄今仍然未能明显增加电力需求的弹性；需求侧响应也不是随时都可以用来改变电力需求的工具；短期电力需求总是呈现刚性。

根据全球电改经验可知，售电主体在批发市场中的垄断能力非常弱。另外，由于其他没有参与直接交易和竞价交易的上网电量，以及居民、农业、重要公用事业和公益性服务等用电，继续执行政府定价，同时，部分大中型终端用户可直接从发电厂和批发市场购电，因此，零售市场并没有马上进行大改革的必要性。

因此，在市场设计过程中，零售市场的大改革并不是一开始就要进行，可滞后一段时间（等批发市场建成和稳定后）再进行，需要稳步推进。但是值得注意的是，在市场设计时，针对零售市场还存在着一个重点问题，即在改革零售市场的过程中，要防止利用零售市场影响批发市场的情况。

4.1.5 省网范围为试点、区域范围为市场

基于国内体制现状,须建立省级试点和区域电力市场。

1. 建立省级试点

(1) 在以省为实体的体制下,产业规划与布局、一次能源供应协调、电源电网规划、电力工程建设等与电力行业密切相关的问题,都需要依靠省有关部门的政策支持。

(2) 各省间的文化差异、经济发展水平、经济承受能力,甚至执政能力等都存在很大差异,从和谐共同发展的角度,也无法完全让各省在同一交易平台竞争。因此,现阶段建设省级电力试点是起步阶段的现实需要。

以省网范围开始电力实时市场试点的主要目的是,理顺实时交易和调度的关系,这也是实施电力市场化的关键环节。在省网范围中推广电力实时市场分为如下三步:

①先选两个相邻的省网分别为试点;

②等待两省电力实时市场成熟后,再建两省合网的实时市场;

③用这种方式可联结第三个省网或更多的省网,不需要事先设定的区域市场范围和形成的时间表。

在跨省实时电力交易市场建设完善的情况下,区分省内电力交易和省际电力交易是多余的。

2. 建立区域电力市场

由于省级试点电力市场具有一定的局限性,如表 4-5 所示,因此,我国电力体制改革的结果应该是形成具有竞争性的区域电力市场。虽然行政省是电力行业计划经济具体实施的执行者,是我国电力很多问题的根源所在,但是以省为实体不符合我国的现状,打破省间壁垒才是电力体制改革的一项重要内容。强化以省为实体,建设由省政府领导的省级电力市场,既有将央企利益向本省用户进行利益转移的倾向,又有向省属发电企业进行利益倾斜的冲动,实在是有悖电力体制改革简政放权之初衷。

建立有效区域电力市场应遵循以下几项基本原则:阶段性、竞争性、重组性、开放性。因此,在建立有效区域电力市场时,应注意以下问题:

(1) 合理划分区域电网,可更大范围内优化资源配置,调剂余缺。考虑资源禀赋、电源结构、用电特性、气候变化等特点,通过区域电力市场有利于发挥区域互补优势,实现社会效益的整体提升;

(2) 打破省间壁垒,防范地方保护主义;

(3)建设电力市场时应该设计合理的交易品种;

(4)对于三级电力市场,其之间应仅是业务的衔接关系,不应有上下级关系;

(5)合理考虑跨区跨省的利益补偿机制。

表 4-5 省级试点电力市场的一些局限性

序号	局 限
1	省级电力市场不利于电源建设、电网运行优化和电力规划
2	因省级管电部门存在,电力市场极易受到省级政府牵制和主导
3	省级电力市场天然的封闭性,使其无法自然过渡到区域市场
4	各省目前电力市场建设的条件存在差异,不利于机制的统一实施和政策的统一执行
5	省级电力市场不利于清洁能源的消纳

4.2 市场设计阶段

4.2.1 区域电力市场的阶段划分

中国区域电力市场的构建不应该是一蹴而就的。在构建过程中,应分步骤、分阶段进行设计。在实施过程中分三个阶段展开,如表4-6所示。

表 4-6 区域电力市场推行阶段划分

阶 段	阶段性任务
第一阶段	区域电力市场依托区域现有的跨省交易平台,推进区域电力市场进行试点改革,区域电力市场以跨省跨区电力批发交易为主,省内主要开展电力零售交易。区域电力市场考虑划出部分年度基数电量用来开展跨省跨区月度及周电量批发市场,增强跨省集中交易平台优化配置资源的作用,同时在省内逐步培育独立售电主体
第二阶段	集中平台交易电量可考虑扩展交易空间,按照顶层设计、循序渐进的原则,调动购电、售电主体的积极性,实现电力用户直接在区域平台购电,逐步发挥价格在市场中的决定性作用
第三阶段	建立日前电力市场,完善中长期交易为主、临时交易为补充的交易模式,逐步形成多买多卖、有序竞争的电力市场体系

在区域电力市场构建的过程中,第一阶段的实现情况是后两阶段实现的基础。因此,为了保障第一阶段的顺利实施,应进行必要的考虑。

(1)在第一阶段实施之前,针对各个区域电力供需的形势,以及市场建设初期配套改革政策的实际情况,应设置相关的安全措施以保证市场运作,如图4-1所示。

第4章 电力市场的交易机制设计及制度安排

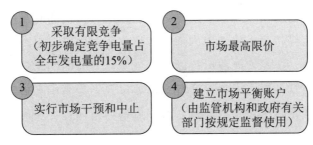

图 4-1 区域电力市场运作安全的措施

(2) 在第一阶段实施过程中,为了得到各方支持,建设区域电力市场还照顾并协调了省级电网公司和地方政府的利益关系,如表 4-7 所示。

表 4-7 区域电力市场中初期利益主体的协调关系

主 体	初期的协调方案
省级电网公司	实施安全责任不变、调动范围不变、结算方式不变的方案,省级调度还是按照原来的方式操作,只是指令发生变化。不改变现行的电网调度和安全职责,保持现行电能结算模式,且通过区域电网公司、各省(市)电网公司和发供电企业之间的协调运作,确保电网安全
地方政府	在向各个地方政府征求意见时,确定地方政府承受底线。考虑到市场初期市场各方的承受能力,初步控制竞价比例在年度电力负荷预测和年度计划利用小时数的一定比例左右,平稳起步。根据此意见,中长期合同将覆盖确定比例的发电量,同时可以采用双边交易等措施避免统一竞价成交量过大

(3) 在第一阶段实施过程中,为避免区域电力市场出现哄抬价格的现象,还应根据具体情况规则设置三道价格稳定防线,如表 4-8 所示,其他价格问题可根据阶段情况再行调整。

表 4-8 区域电力市场的价格管理思路

防 线	管理方式	工 作 内 容
第一道防线	规定部分电量结算	采用限量交易,控制交易比例,保障居民用电、安全用电等基本用电不纳入市场化交易
第二道防线	设定最高竞价	最高竞价由国家有关部门设立,并可以随着有关政策的逐步落实作进一步研究完善。监管机构向所有发供电企业征求意见后,确定最高不得上浮比率
第三道防线	进行市场干预	市场规则规定干预的目的仅限于维护系统安全运行,干预的措施类型包括调整运行方式、价格管制和市场模式转换

4.2.2 市场设计中的问题解决机制

目前,在世界主要工业化国家所运行的电力市场中,虽然现货市场和输电权市场在设计上存在相通之处,但辅助市场和日前市场的差别则比较大。与其他产业相比,电力行业所特有的互联规模庞大、投资巨大且集中、供需即时平衡以及电力用户对价格反应相对滞后等特点，致使电力部门市场化相对困难。电力市场设计同时受到地域、政治、经济、技术、产业运行以及区域文化等方面的影响和制约。未来中国的电力市场设计应具备适合电力工业现实需要以及适当考虑各地域网络结构、电源分布、负荷特性以及政策法规等特点，否则若电力市场存在无序竞争，就会出现市场失灵。

电力市场设计在以后市场运行阶段会存在许多可能引发的问题。原则上，应基于全局综合分析，对电力市场进行总体设计，根据电力产业可持续发展的需要，设计适合各区域实际情况的电力市场架构，尽量避免后期的设计和前期的实现发生矛盾。因此，为了保证在电力市场实现的过程中及时发现问题、有效解决问题，必须建立相应的问题解决机制。一般的问题解决机制存在两种安排。

（1）一般性问题解决机制过程。首先，设计一个由各市场主体（或利益相关方）充分参与的决策过程；其次，由市场董事会成立最高决策机构，并设置批发市场专委会、零售市场专委会、电网安全运行专委会、技术专委会以及其他工作组；再次，定期在各市场中组织会议，各市场主体会对各个利益相关的市场设计进行博弈和投票表决；最后，最高决策机构作出最终市场设计决定，并将市场设计方案提交相应政府部门批准生效。

（2）高效性问题解决机制过程。首先，组织一支经验丰富的电力市场设计团队；其次，在各个设计环节中分析各相关市场主体的不同需求和特性；再次，设计并保证相对独立的市场规则制定及修改过程，并针对重大市场设计方案，进行相对可靠且独立的成本效益分析；最后，在关键设计环节上，充分参考相关专家的不同意见。

4.2.3 市场构建中的平滑过渡机制

电力体制改革推进的过程中，为了照顾各方的利益，必须有一套针对交易部门和售电商的平滑过渡机制：

（1）规定不同售电主体的认定、资质管理和价格管制办法。

（2）规定趸售市场交易中，售电公司需支付服务费用、输电费用并向消费者提供上述信息。

（3）允许原来属于垂直垄断的电网公司中，保留提供保障性、公益性交易服务的"兜底"售电公司。

（4）售电主体除了原来传统的售电部门和新的独立售电公司，还允许存在"合作社"式的市场主体，即两个及以上的电力用户可直接在趸售市场上联合购电。

（5）允许存在经纪人公司。经纪人可以整合多家售电公司或合作社，并让其到趸售市场中参与议价和竞拍。通过整体性的议价和调节模式，降低进价、吸引合作，并通过吃入价差获利。

（6）加强有效监管，避免市场合谋、投机等策略性行为的出现。针对市场稳定，提高风险预警水平，并提出应对策略。在市场环境中，参与竞争性环节的各个市场主体既会在市场规则允许的条件下追求其效益的最大化，又会面临不同程度的经济活动风险。在缺乏充分竞争的电力市场中，市场力较大参与主体的利益最大化目标与整体所期望的社会效益最大化目标会存在矛盾。在电力资源分布相对集中的情况下，关键的问题在于如何在保证市场化的前提下进行有效地监管。

（7）科学设计售电侧价格管制标准，使得售电价格的涨跌与国际能源价格进行同步调整。当国际能源价格改变时，售电公司就可向能源管理局申请调整电价，以实现市场效率。但同时应规定独立售电公司的调价机会次数，并严格规范传统售电部门和新售电公司的调价规定。

4.3 市场运行阶段

4.3.1 市场的实现方式和实现途径

构建并实现高级电力市场的模式有两种：渐进式和速成式。渐进式的实现模式特点是：首先，界定并设计电力市场中主要和重要市场功能，该类市场功能是电力交易过程中必不可少的游戏规则；其次，在核心功能稳定后，逐步增加其他市场功能。速成式的实现模式特点是：首先，政府相关部门设立较为具体的设计要求和较为明确的时间流程；再次，通过一次设计，在全国范围内同时实现大部分高级电力市场所具备的功能。对两种实现方式的优点、挑战的分析，如表4-9所示。

表4-9 渐进式和速成式实现方式的对比分析

模　式	优　点	挑　战
渐进式	实现核心功能时期较短、成本较低	如果实现过程中出现重大制度变迁，市场设计的机会成本不可预测
	管理方面易于风险控制	
	设计方面相对灵活	
速成式	当人员、措施配备得力时，可加速电力市场的建设过程	如果在实现过程中出现问题，风险的影响范围和程度不可准确预测
	统一规范的市场环境便于制度安排和监督管理	

4.3.2 电力交易中心（平台）的独立步骤

目前，主流的电力交易中心的具体设计中包括输电网络的拓扑结构、线路参数和线路检修计划。总结各个区域在电力交易中心建设中经历的次序及发展规律：先现货市场后日前市场，先能量市场后辅助市场，先能量市场、输电权市场后容量市场。从技术层面来看，支撑电力市场交易中心的计算机系统可划分为：支持电力系统安全运行的能量管理系统，支持电力市场出清的市场管理系统，负责结算的市场结算系统。

交易机构的相对独立性应指电力交易部门（及员工）与市场参与者（供电商、发电商，电网服务商、电能买卖商等）在行政上和经济利益上的独立。交易机构应是公司制，以交易量收费，但收益中性化。公司收益有多余的，回归用户。公司不是股份制，而是成员制，公司除了独立董事会监管，还受到成员委员会的具体制约。由于独立电力交易中心的过程相对复杂，在实施过程中可分为短期任务和远期任务。

（1）短期任务。此阶段，交易和调度主要体现为合作。电力市场交易中很多实操性问题（如抄表核算、电量电费结算、安全校核等业务）与电网公司传统业务深度耦合，因此短期内将电力交易中心放在电网公司，既有利于电力市场建设与推进，也有利于减少交易环节、提高市场效率。此时应该加强机制研究和规则设计，让电力交易中心利益与社会利益趋于一致，然后进行逐步过渡。

（2）远期任务。此阶段，交易和调度主要体现为分工。交易和调度从职能上逐步分离，最终可促进结构上的独立。改革最终的结果是电力交易中心完全独立，且电力交易中心不能与交易中各方存在任何经济利益。电力交易中心应该尽可能成为一个非营利机构；若是成为一个营利机构，控股者就不能直接或间接地介入交易。电力交易中心的董事会可由政府主管部门直接任命，但董事会应该对市场参与者负责，而不是对政府主管部门。

4.3.3 可再生能源发展机制及相关制度

1. 可再生年度发电计划

在编制年度发电计划时，优先预留水电、风电、光伏发电等清洁能源机组发电空间；鼓励清洁能源发电参与市场，对于已通过直接交易等市场化方式确定的电量，可从发电计划中扣除。对于同一地区同类清洁能源的不同生产主体，在预留空间上应公平公正。风电、光伏发电、生物质发电按照本地区资源条件全额安排发电；水电兼顾资源条件和历史均值确定发电量；核电在保证安全的情况下兼顾调峰需要安排发电；气电根据供热、调峰及平衡需要确定发电量。并要求：可再生能源消纳困难的地区，可通过市场化的经济补偿机制激励煤电机组调峰。调峰深度没有达到平均调峰率的，不予补偿；调峰深度超过平均调峰率的，予以递进补偿；实施启停调峰的，予以一次性补偿。补偿所需费用由受益的可再生能源和煤电机组根据程度进行相应分摊。补偿与分摊费用应保持平衡。

特别是在京津冀、长三角、珠三角以及清洁能源所占比重较小的地区，在统筹平衡年度电力电量时，新增用电需求应优先满足清洁能源消纳，明确接受外输电中清洁能源的比例并逐步提高，促进大气环境质量改善。

2. 可再生能源发电全额保障性收购制

国家发改委提出了解决新能源并网的途径，要求各省应采取措施落实可再生能源发电全额保障性收购制度，在保障电网安全稳定的前提下，全额安排可再生能源发电。

2015 年 3 月 23 日，为贯彻中央财经领导小组第六次会议和国家能源委员会第一次会议部署，落实中共中央、国务院《关于进一步深化电力体制改革的若干意见》（中发〔2015〕9 号）有关要求，现就改善电力运行调节，促进清洁能源持续健康发展，各省发改委，经信委（工信委、工信厅、经贸委、经委），国家能源局派出机构，中国电力企业联合会，两大电网公司（国家电网公司、中国南方电网有限责任公司），五大发电集团（中国华能集团公司、中国大唐集团公司、中国华电集团公司、中国国电集团公司、中国电力投资集团公司）以及中国长江三峡集团公司、神华集团有限责任公司、国家开发投资公司共同提出了四点指导意见，如图 4-2 所示。

1. 统筹年度电力电量平衡，积极促进清洁能源消纳
2. 加强日常运行调节，充分运用利益补偿机制为清洁能源开拓市场空间
3. 加强电力需求侧管理，通过移峰填谷为清洁能源多发满发创造有利条件
4. 加强相互配合和监督管理，确保清洁能源多发满发政策落到实处

图 4-2 各经济部门针对可再生能源发展的意见

各省（自治区、直辖市）政府主管部门组织编制本地区年度电力电量平衡方案时，应采取措施落实可再生能源发电全额保障性收购制度，在保障电网安全稳定的前提下，全额安排可再生能源发电。

电网企业应统一负责清洁能源发电出力预测，科学安排机组组合，充分挖掘系统调峰潜力，合理调整旋转备用容量，在保证电网安全运行的前提下，促进清洁能

源优先上网,落实可再生能源全额保障性收购;加快点对网输电线路改造,提升吸纳可再生能源能力。有条件的电网,可以开展清洁能源优先调度试点,即以最大限度消纳清洁能源上网电量为目标,联合优化调度,灵活安排运行备用容量。

3. 可再生能源配额制

可再生能源配额制,是政府用法律的形式对可再生能源发电的市场份额作出的强制性规定,如图4-3所示。中国的可再生能源配额制已经探索了多年,如表4-10所示,然而,这项涉及全国各地之间的可再生能源的指标分配政策,却因为利益协调问题迟迟未能公布。

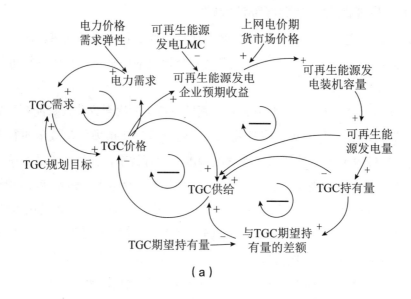

(a)

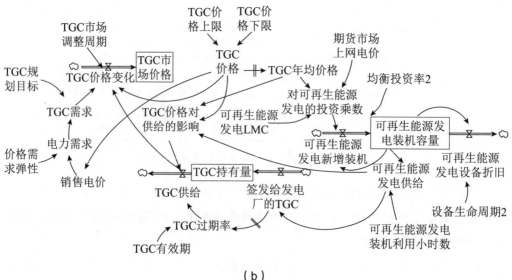

(b)

图4-3 中国实施可再生能源配额制的推行模式

表 4-10 中国推行可再生能源配额制的历史事件

时间	事件	内容
2007 年	国务院提出可再生能源配额制思路	政府对发电企业、电网企业、地方政府三大主体提出约束性的可再生能源电力配额要求
2012 年 2 月	国家能源局新能源司制订《可再生能源电力配额管理办法（讨论稿）》	明确发电企业承担发展可再生能源义务、电网企业是保障性收购配额的义务主体、地方政府则承担消纳配额的义务
2013 年	可再生能源配额制的文件已经过了多次修改	争议的集中点主要在于地方政府和电网企业对自身的配额、惩罚措施、地区间交易制度等问题
2014 年 8 月	发改委主任会议已经讨论通过了《可再生能源电力配额考核办法（试行）》	考核办法的最后修订工作已完成，随后，这一文件将通过发改委提交国务院
2015 年 3 月	"新电改"方案的启动以及《关于改善电力运行调节促进清洁能源多发满发的指导意见》的率先公布	国家能源局的负责人证实，可再生能源配额制已经获批，预计会在电改公布后，正式对外公布

已经公布的可再生能源配额制考核办法，将各省（市、区）分为华北、东北、华东、中南、西南、西北六个区域，明确了各省（市、区）在2015年、2017年和2020年的可再生能源电力配额的基本指标和先进指标。其中，配额制的考核主要包括了风电、太阳能发电、生物质能发电三项。同时，设定了基本指标和先进指标。在2015年的基本指标中，内蒙古、东三省、甘肃、宁夏、新疆的最多，为10%；浙江、江西、重庆、四川、贵州的最少，为2%；北京、天津、河北、山西、西藏、青海的指标为7%，剩下的上海、江苏等十个省（市、区）指标为4%。而且也将实行奖惩制度，没达到指标的地区会面临暂停或减少其新增石化发电项目等惩罚措施。但如果超标完成，会给予示范项目、财政、优先进行电网建设等支持。

配额制以行政手段，要求发电企业和地方政府的可再生能源发电量必须达到一定的比例，这能够促进各地发展可再生能源的积极性，也是解决新能源发电并网消纳最有效的办法之一。

4. 以分布式电源为主体

目前，中国最主要的分布式电源依次为燃气发电、光伏、风电、生物质能、垃圾发电等。得益于自身的优势以及政策的扶持，近两年来，分布式电源获得了发展。值得注意的是，分布式光伏发电遇到了瓶颈：余电上网难、全额上网难。

新一轮的电改为了激活分布式电源和微网的发展，设定了如下的方案，如图4-4所示。

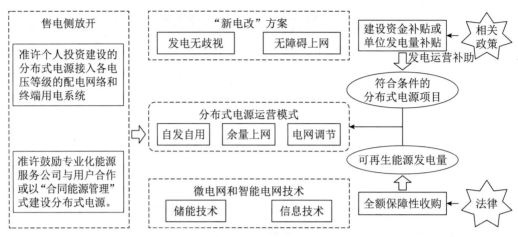

图 4-4 售电侧放开激活分布式电源发展

4.3.4 售电侧改革的潜在风险及应对策略

在售电侧放开的改革过程中，可能存在的风险类型如图 4-5 所示。

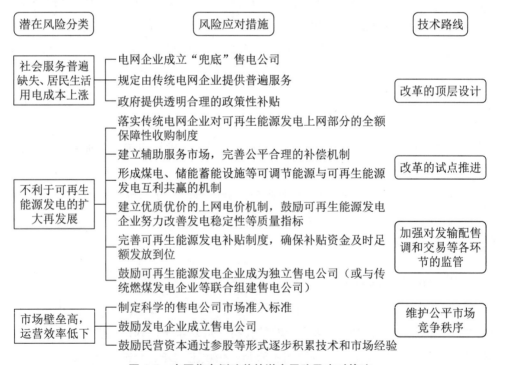

图 4-5 中国售电侧改革的潜在风险及应对策略

应对策略中关于技术路线的解释如下：

（1）应加强售电侧改革的系统深入研究；

（2）循序渐进，逐步积累经验，待条件成熟后再全面推开；

（3）提高监管技术和水平，确保发电、售电环节充分有效竞争，输配电、调度、交易环节中立高效运行；

（4）防止出现多极垄断、共谋垄断等反市场行为，避免出现市场无效率的情况（图 4-6）。

情况1
发电市场竞争不充分
发电商操纵市场
情况2
售电市场竞争不充分
新的合谋垄断造成市场无效率

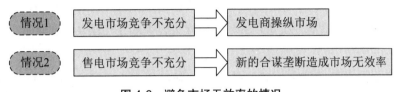

图 4-6　避免市场无效率的情况

4.4 市场实现阶段

4.4.1　电力市场监管与电力规划

由于历史原因造成的电力资源配置错位、市场设计不尽合理、市场参与者经济意识不强、市场主体交易经验不足、市场信息不准确等因素，在电力市场的初级阶段，各种市场心理以及市场行为都会在市场行情波动时变得非理性。为了保护电力工业和电力消费者，同时避免“合谋”等机会主义行为的产生，在电力市场的初级阶段，政府部门必须对电力市场进行监管。监管机构设计时应考虑以下四点因素，如图 4-7 所示。

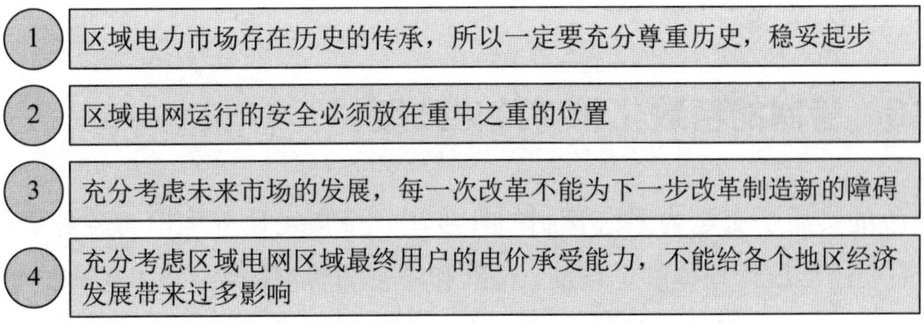

1
区域电力市场存在历史的传承，所以一定要充分尊重历史，稳妥起步
2
区域电网运行的安全必须放在重中之重的位置
3
充分考虑未来市场的发展，每一次改革不能为下一步改革制造新的障碍
4
充分考虑区域电网区域最终用户的电价承受能力，不能给各个地区经济发展带来过多影响

图 4-7　区域电力市场监管机构设计的考虑因素

有效监管的充分条件：监管者必须具备市场思维（深刻理解电力市场原理和实施细则）和监管技能。

监管与规划的辩证原则要求：监管和市场开放度是关联的，监管能力强，市场准入便可以放低一点。系统设计均会存在优缺点，最关键的是监管一定要到位。监管部门应该集中最优秀的专业人才。电网规划必须超前，需要的人才应当是尖子里

的尖子。电力监管的核心是对价格的管制。

4.4.2 组织实施的促进和加强

新电改方案的落实必须更加注重改革的系统性、整体性、协同性：从全局和整体上谋划，从统筹和整体上推进，从更高层次上协调和督促落实，要有重点、有步骤、有秩序推进。

监管机构的重要职能之一就是促进和加强组织实施。唯有加强组织实施、凝聚广泛共识、协同推进，把改革部署一一落到实处，才能真正做到规范有序、稳妥有序推进改革。因此，在总体要求方面，应该考虑：整体设计、重点突破、分步实施、有序推进、试点先行。

促进和加强组织实施意味着：统筹谋划改革的各方面、各层次、各要素，跳出一时一地、一部门一行业的局限，在更长时期、更大范围和更高层次上实现全国一盘棋的整体谋划、协同推进，力求在改革成效上相得益彰。

尽快完善推动改革实施的领导推进机制，重点在交易平台与市场建设、输配电价格与交叉补贴、配售电业务放开等关键环节，制定切实可行的专项改革工作方案及相关配套措施，进一步明确职责分工，明确中央、地方、企业责任，确保电力体制改革工作顺利推进。

另外，改革实施过程中，必然会出现利益调整：一方面，对可能出现的利益冲突，要谋划在前，让各方面均明确市场预期。另一方面，对新出现的利益冲突，要善于调整，化解冲突，减少市场震荡，促进改革稳步推进。

4.4.3 管制的精致化和有效化升级

新电改的实质：对电力系统管制的升级，一个市场化分配电力各种资源和服务的体系，需要比传统计划体制更精细、精准和精密的管制体系，以及配套的管制能力。

决定改革成败的关键：管制体系的重构能否有保障市场机制配置资源的有效性，特别是现有政治和管理体系是否有能力实现电改所需的管制体制精致化升级。

管制需要升级的最根本原因：管制对象的多元化和问题的复杂化。因此，管制的升级还意味着要对管制体系不断更新。随着新问题的出现，曾经有效的管制在新市场结构下会出现失灵。

因此，管制的升级是指管制需要精致、精准和精密。政府通过更精致化和强有力的管制来保障市场有效配置资源，并拾遗补阙。

4.4.4 政策制定和推进的协调与配套

政策的制定与推进存在一个死循环的困局,即电力市场建设与电价改革顺序问题的两种观点:电价先行论和市场先行论。

(1)电价先行论。电价改革是市场建设的核心,电价改革不到位,则无法推进电力市场建设。

(2)市场先行论。没有市场机制的建立,价格根本无法放开;如果政府不干预,同时市场未形成,改革将会自乱阵脚。

如果没有新的电价和计划形成机制、没有更多的市场主体参与,交易机构相对独立也可能陷于无事可做的困境。如果没有较为成熟的批发市场、没有较为有效的竞争机制,售电业务不仅很难向终端用户提供红利,而且会给电力产业链增加一个成本环节。

即测即练题

案例讨论 >>>

南方电力现货结算试运行

2020年9月17日至18日,全国电力交易机构联盟电力市场高峰论坛在杭州召开,会议主题为"共筑电力市场、共享能源互联"。会上,广东电力交易中心的黄远明总经理作了题为《南方(以广东起步)电力现货结算试运行探索与实践》的报告。

在现有基数计划电量、年度价差中长期合同电量和零售代理关系不变的基础上,全月组织"价差月度交易+绝对价格周交易+现货市场交易"结算试运行。其中"价差月度交易"按照现行价差中长期交易规则,组织基数发电权转让、价差月竞、价差用电权转让、价差双边协商和挂牌;"绝对价格周交易"按照南方(以广东起步)电力现货市场规则体系,组织包括周集中竞争、双边协商和挂牌;"现货市场交易"按照南方(以广东起步)电力现货市场规则体系,组织现货日期、实时市场。

现货全月结算试运行情况如下:用户侧最高结算价447.4厘/千瓦时,最低结算价70厘/千瓦时,用户侧日前、实时结算价格与统调负荷走势基本一致,真实反映了电力商品的时间价值;发电侧日前最高出清价格1237厘/千瓦时,最低出清价格70厘/千瓦时。燃煤机组、燃气机组出清电量占比约为4:1;市场机组均价441厘/千瓦时,批发市场用户均价387厘/千瓦时,符合预期。

本次结算试运行机制有效、系统可靠、流程规范、价格合理、风险可控,各方面反映良好,圆满完成了各项既定目标。

案例分析思路

第 5 章 电力市场运营规则

学习目标

1. 了解电力市场的经济主体，并对电力市场进行交易的流程有一个全面、清晰的认知；
2. 了解合同的分类；
3. 掌握现货交易市场的划分；
4. 了解电力零售市场。

引导案例

英国电力市场成员包括发电商、零售商、经纪商、大用户等，电网调度运行由英国电网公司的调度中心（NGET）执行。而电力市场的短期现货合约交易则在英国电力交易中心 APX 和 N2EX 上进行，市场成员自愿选择并参与任何一家组织的交易。

扩展阅读5.1

APX 和 N2EX 作为英国电力交易中心，其主要作用是通过现货交易的方式增加电力市场的流动性。同时，APX 和 N2EX 也为买卖双方管理合同，类型包括日前拍卖、现货和促销合同三种。

英国电网公司的调度中心（NGET）负责整个英国的电力调度和主导平衡市场的电力交易。目前，英国的系统运营业务由国家电网公司（NG）下属的系统运行部负责，该业务独立于 NG 的输电业务，二者分开独立核算。英国电网公司的调度中心（NGET）只负责电网的实时平衡与接收这期间必要的增减出力报价。因此在英国电力市场化模式中，交易职能部门与调度职能部门是相互独立、各司其职的，属于分散式电力交易模式。

英国辅助服务可分为强制性和商业化两类。强制性辅助服务规定发电企业必须向电网公司提供频率响应等服务。而商业化辅助服务则是根据双方签订的协议提供相应的服务。

5.1 电力市场管理

发供电企业的电量分为两个部分：一部分电量通过合同或者市场的配置方式进行交易；另一部分电量用于配合电网公司的调度指挥，实现平衡。交易电量的分解如图 5-1 所示。

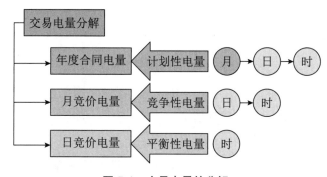

图 5-1 交易电量的分解

5.1.1 电力市场经济主体职责

电力市场经济主体拥有参与电力市场交易和电力市场管理的权利，并得到相应的利益保护。电力市场经济主体必须遵守本规则，履行本规则规定的职责，并努力维护电力市场的正常运营（图 5-2）。

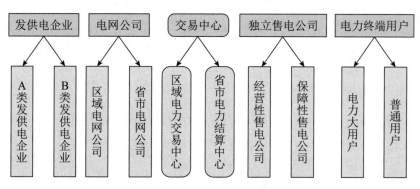

图 5-2 电力市场的经济主体

1. 发供电企业

发供电企业分为 A、B 两类发供电企业（表 5-1）。

表 5-1　电力市场中发供电企业分类

分　　类		特　　征
A 类发供电企业		A 类发供电企业是拥有一定的单机额定容量、具有较强的生产能力、提供连续性电力供给的常规燃煤机组和清洁能源机组的企业
B 类发供电企业	B1 类发供电企业	自备电厂
	B2 类发供电企业	燃油机组、燃气机组、热电联产
	B3 类发供电企业	抽水蓄能水电、不具规模的核电、分布式电源

其中，市场一期中，B 类发供电企业暂不参加市场竞争，其月度计划及日计划编制由调度部门负责，电量交易由电力交易中心负责。

发供电企业的职责如下：

（1）遵守调度规程，履行系统安全义务；

（2）签订和履行购售电合同；

（3）A 类发供电企业所拥有的机组必须参加区域月度电力市场和日前电力市场；

（4）根据调度要求，提供辅助服务；

（5）根据市场规则的要求提供信息；

（6）负责厂端技术支持系统的建设、运行、维护和管理。

2. 电网公司

电网公司分为区域电网公司和省（市）电网公司。

区域电网公司的职责如下：

（1）无歧视、公平开放电网，提供输电服务，执行输电电价；

（2）履行输变电系统运行与维护职责，保证系统安全运行；

（3）按调度规程实施电力调度，负责区域电力系统安全运行和事故处理；

（4）经营管理所属调峰调频电厂；

（5）组织开展并提供辅助服务；

（6）负责区域电力市场技术支持系统的建设、维护、运营和管理；

（7）根据市场规则的要求提供信息。

省（市）电网公司的职责如下：

（1）根据调度规程，负责所辖电力系统安全运行和事故处理；

（2）按规定向电力生产、使用者公平开放电网，提供输配电服务，执行输配电价；

（3）负责所辖电力系统范围内电厂的年度计划执行、编制月度电量需求和日前现货需求；

（4）根据市场规则，负责全省（市）实时电力电量的平衡；

（5）确定和上报省（市）安全准则，包括电力系统安全约束及标准；

（6）履行输配电系统运行与维护职责，保证系统安全运行；

（7）根据市场规则的要求提供信息。

3. 电力交易中心

交易中心分为区域电力交易中心和省（市）电力结算中心。

区域电力交易中心的职责如下：

（1）负责管理交易中心；

（2）组织区域电力市场月度和日前电能交易及辅助服务交易；

（3）配合调度部门组织购销区域外交易主体的电力电量，满足区域内用电需要；

（4）发布电力市场信息，保证信息披露及时、真实、准确和完整；

（5）执行国家有关部门公布的交易价格管制政策（如最高限价）；

（6）制定相应的发电计划和省（市）际联络线交换计划；

（7）根据市场规则组织、安排和调用区域电力系统的辅助服务；

（8）负责区域电力市场的电能计量与结算；

（9）负责电力市场技术支持系统的运行、维护和管理；

（10）执行各类技术标准、安全标准、定额标准、质量标准。

省（市）电力结算中心的职责如下：

（1）根据市场规则，安排合同计划和区域市场竞价形成的交易计划；

（2）根据市场规则负责全省（市）年度合同的实施；

（3）根据市场规则负责本省（市）电能计量及结算；

（4）按市场规则提供规定的信息给区域电力调度交易中心；

（5）执行各类技术标准、安全标准、定额标准、质量标准；

（6）执行各类辅助服务收费政策；

（7）配合区域电力交易中心进行电力市场技术支持系统的建设、维护和运营。

4. 独立售电公司

独立售电公司分为经营性售电公司和保障性售电公司。

经营性售电公司的职责如下：

（1）签订和履行购售电合同；

（2）参与市场交易；

（3）根据市场规则提供相关信息；

（4）负责所在终端技术支持系统的建设、运行、维护和管理；

(5) 代表各省（市）用电方从区域电力市场购电。

保障性售电公司的职责如下：

(1) 签订和履行购售电合同；

(2) 为不具有市场的电力用户（如部分工商业用户、居民用户、农业用户）提供统一购售电服务；

(3) 根据市场规则提供相关信息；

(4) 负责所在终端技术支持系统的建设、运行、维护和管理；

(5) 向国家政府相关部门进行价格申报；

(6) 同时也可参与市场竞争。

5. 电力终端用户

电力终端用户包括电力大用户和普通用户。

电力大用户的职责如下：

(1) 遵守调度规程，履行系统安全义务；

(2) 与发供电企业签订和履行购售电合同；

(3) 根据市场规则向发供电企业提供相关信息；

(4) 参与市场交易。

普通用户的职责如下：

(1) 遵守调度规程，履行系统安全义务；

(2) 与独立售电公司签订和履行购售电合同；

(3) 根据市场规则向独立售电公司（零售商）提供相关信息。

6. 区域电力市场联络协调工作组

另外，为及时协调电力市场主体和电力交易中心涉及市场运营、规则执行、规则修改和争议解决的相关事宜，设立区域电力市场联络协调工作组（简称"联络协调工作组"）。

联络协调工作组的职能包括：

(1) 对市场运营状况作出评价及提出改进的建议；

(2) 受理市场主体、交易中心关于修改规则的建议并形成修改动议；

(3) 进行争议调解；

(4) 完成电力监管机构授权的其他事项。

联络协调工作组的工作方式包括：

(1) 小组召集人根据工作需要召开小组会议，组织小组活动，并邀请电力监管机构和政府有关部门代表参加。

（2）每季度对市场运营状况进行一次评价，并向市场主体和交易中心发布。

（3）在收到市场主体、交易中心的有关规则修改建议后，按本规则中规定的程序进行处理。

（4）受理争议调解要求后，按本规则中的争议解决程序处理。

5.1.2 准入与注册

1. 市场准入与注册条件

区域电力市场内的发供电企业、电网公司、独立售电公司、电力大用户、区外购售电企业应向区域电力交易中心申请注册，取得市场主体资格（表5-2）。未经注册，任何机构不能以电力市场主体的身份参加电力市场交易。

表5-2 电力市场经济主体的市场准入与注册条件

主　体	市场准入及注册条件
发供电企业	技术条件：申请注册的发供电企业必须符合进入系统安全稳定运营的技术标准要求和并网规定，并具有参加市场交易所需的硬件、软件和通信基础设备
	环保条件：发电厂噪声、污染物排放、水域排污应符合国家法律法规及有关标准和政策
	信用条件：申请注册的发供电企业应具备一定的信用等级
电网公司	区域电力市场一期，区域电网公司注册为输配电网络服务提供者
	区域电力市场一期，省（市）电网公司注册为输配电网络服务提供者
独立售电公司	保证管理规范、运营有序、资金良好、信誉优质、风险抵御能力较强的售电商和中间商优先进入区域市场
电力大用户	具有一定电压等级或用电量的工商业用户
	鼓励和支持规模较小、市场力较弱的朝阳产业，保护和稳定信誉和诚信良好、用电负荷稳定、生产效率较高、生产规模较大、能耗指标先进、发展带动能力强的支柱性产业
	关停或限制淘汰类产业
区外购售电企业	区外电网经营企业、经国家有权部门批准的发供电企业可注册为区外购售电企业

2. 注册过程

电力市场主体必须按照规定的格式向区域电力交易中心递交书面注册申请。申请资料包括：公司法定代表人（或委托代理人）的书面申请、企业法人营业执照复印件、计师事务所审计的企业法人年度财务报告（或验资报告）、公司基本情况（章程、组织结构、股权结构及股东情况等）、参与市场竞价的机组详细技术参数、技术条件满足市场要求的证明材料等。

区域电力交易中心应自收到申请材料之日起规定工作日内,完成对材料的初步审查。对申请材料齐备的,向申请者发出受理申请通知书。对申请材料不齐备的,书面通知申请者补齐,申请者将材料补齐后,区域电力交易中心应当在规定工作日内向申请者发出受理申请通知书。

区域电力交易中心应在发出受理通知书规定工作日内决定申请人是否通过注册申请。区域电力交易中心在发出受理申请通知书之后,应当对申请材料进行审查,并根据审查意见作出给予注册或者不予注册的决定。对于申请注册为发供电商的,区域电力交易中心将在注册内容中载明允许其参加区域电力市场竞价交易的机组清单。

区域电力交易中心有义务接受申请,对不予注册的,应当书面通知申请者并说明理由。审查中,对申请材料不符合要求的,应当通知申请者修改和补充,申请者必须自通知发出之日起规定工作日内按要求完成,否则视为放弃申请。申请者修改和补充材料的时间不计算在审查工作时限内。

对区域电力交易中心的决定不服的,申请者可以在知道该处理决定之日起60日内向电力监管机构提请复议。

已注册的电力市场主体发生兼并、重组等导致其控股权发生变化的,必须重新申请注册。

3. 争议解决

1) 争议的内容和范围

争议特指发生在电力市场主体之间,或者电力市场主体与电力交易中心之间的下列争议。

(1) 对电力市场主体加入的争议;

(2) 对规则的解释、理解和履行的争议;

(3) 对电力市场主体、电力交易中心权利行使和义务履行的争议;

(4) 对市场交易、结算的争议;

(5) 其他方面的争议。

2) 争议解决的原则

争议解决应遵循以下原则:

(1) 应遵循依法、透明、公平、公正的原则;

(2) 应争取以简单、快捷及经济的方式解决;

(3) 应有利于市场的正常稳定运行;

(4) 应有利于维持、巩固争议各方关系。

3）争议解决的程序

（1）发生争议时，可以选择以下方式解决（表5-3）。

表5-3　发生争议时可选择的解决方式

方式	内　　容
1	争议方协商解决
2	由联络协调工作组进行调解
3	由相应的电力监管机构进行调解
4	根据有关规定向仲裁机构申请仲裁，或者直接向人民法院起诉

（2）联络协调工作组调解争议按以下流程进行（表5-4）。

表5-4　联络协调工作组调解争议的流程

步骤	内　　容
1	争议方应将争议内容书面提交联络协调工作组，并制作副本抄送争议相关方
2	如果争议涉及商业机密，争议各方可以建议联络协调工作组成立专门小组解决此类争议
3	联络协调工作组收到某市场主体争议文本材料后，应及时确定解决方式
4	联络协调工作组在确定协商日的规定工作日前，应使争议各方收到"争议解决通知书"
5	争议各方收到"争议解决通知书"后，应在确定协商日前将本方意见书面提交联络协调工作组
6	若争议各方达成协商调解协议，则在联络协调工作组主持下形成协商（或调解）协议，争议各方及联络协调工作组在协议上分别签字后生效
7	该调解协议由联络协调工作组备存，相应的电力监管机构认为必要时可以查阅
8	联络协调工作组受理的争议，其处理结果由联络协调工作组按其规定范围及形式公布调解结果

4. 电力信息披露

1）电力信息公开

电力市场主体具有获得电力市场信息的同等权利，同时也有义务提供所规定的电力市场信息。电力市场信息分为公开数据和私有数据两类。所有电力市场主体均可获得公开数据，电力交易中心应保证电力市场主体可以在规定时间范围内无歧视地获得相关的公开数据。只有特定的电力市场主体及电力交易中心才有权获得私有数据，电力交易中心应采取必要措施来保证电力市场主体可以按时获得相关的私有数据，并保证私有数据的保密性。

电力交易中心应创造电力信息公开的良好条件，建立电力市场信息网站或通过其他媒介披露电力市场信息，披露的电力信息应及时、真实、准确、完整。电力交易中心应满足电力市场主体合理的电力信息查询要求，对质疑积极给予解答。

2）公开数据

发供电企业应向电力交易中心公开以下标准数据（表5-5）。

表5-5 发供电企业的公开数据

信息类型	信息内容
1	各注册机组的额定功率（兆瓦）和最低技术出力（兆瓦）
2	各注册机组的平均加、减负荷出力速率（兆瓦/分）
3	各注册机组从热态、暖态、冷态启动到并网的时间（小时）
4	各注册机组启停、停启的最小时间间隔（小时）

发供电企业在其登记注册为电力市场主体时，必须以书面形式向电力交易中心提供标准数据；若标准数据发生重大变化，应在2个工作日内向电力交易中心提供修改后的标准数据。

若发供电企业向电力交易中心提出申请，要求改变标准数据，新的标准数据在下一个结算周期生效。在新的标准数据生效后5个工作日内，电力交易中心必须予以公布。

电力交易中心应按本规则相应条款的规定，公开年度合同信息、月度竞价信息、日前市场信息、实时调度信息、辅助服务信息和市场充裕度信息。

电力交易中心应当在每年开始的前一个月，重新确定并公布下一个年度每个电力市场主体的网损系数。

若电力市场主体或注册机组的身份发生变化，电力交易中心应在规定工作日内公布更改后的这一信息。

电力交易中心必须公布由国家有关部门确定的市场清算价格上限及下限。

电力交易中心必须公布市场规则和电力系统调度管理的相关规程。

3）私有数据

（1）发供电企业各机组的中标电量及价格；

（2）发供电企业性能指标管理金额；

（3）各注册发电机从热态、暖态、冷态各个状态启动的成本费用，各机组运行在其最低技术出力时的1小时的变动成本费用。

4）保密规定

（1）市场主体和交易中心必须按照本规则规定将私有信息保密。

（2）泄密事件涉及权益当事人的，该当事人可向电力监管机构提出对泄密责任人申诉。

（3）以下属于例外情况（表5-6）：

表 5-6 允许不遵守保密规定的情况

例外情况分类	例外情况内容介绍
情况 1	应法律机构要求透露、使用或者复制该信息时
情况 2	应法律、争议解决程序或仲裁程序要求使用或复制该信息时

5. 最高限价

（1）月度竞价交易市场和日前竞价交易市场采用最高限价，具体由国家有关部门制订并修改。

（2）模拟期间，月度竞价交易市场执行最高限价（含增值税），高峰时段由各个区域电力交易中心同电网调度部门协调暂定，然后由相关政府部门进行审核。

（3）模拟期间，日前竞价交易市场执行最高限价（含增值税），由各个区域电力交易中心同电网调度部门协调暂定，然后由相关政府部门进行审核。

（4）市场模拟运行结束后，再根据区域电网的实际，并参考模拟期的竞价情况，按有关规定重新研究核定市场限价。

5.2 合同市场

市场设计要考虑的因素有：合理性（市场设计的初衷）和可行性（市场设计规则的难易程度、可接受程度等）；方案操作性和预期效果；成本和预期收益。其中的市场设计中的合同市场主要实现电量交易。最基础的合同市场可从主体、时间两个维度进行划分（图 5-3），随着电力市场运营的复杂性增强，合同市场划分的维度可进一步增加：

（1）按主体划分：双边合同、多边合同；

（2）按时间划分：长期合同、中期合同、短期合同、实时合同。

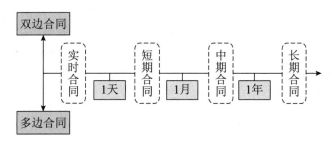

图 5-3 合同市场的基本划分

5.2.1 双边合同

双边合同是双边交易的实现形式。双边合同是电力购售双方达成一般共识,形成电力买卖契约关系的文件。双边合同包括电力物理合同和电力金融合同。

(1) 电力物理合同。电力物理合同拥有固定的电力电量交易价格,且合同交割与竞价市场无关。由于其合同通过现货市场进行交割,合同电量仍参与现货竞价,因此金融合同并不影响现货市场的竞争。

(2) 电力金融合同。电力金融合同由于电力项目规划建设的长期性,电力金融合同能够保证电力投资有足够的提前量。另外,交易中的购售电双方可利用金融合同市场均衡市场供需、平衡电力电量、降低交易风险,例如,差价合约。差价合约是购售电双方为了回避实时交易风险而签订的一类中长期合约。当合约到期时的实时市场的电价高于合约的"履约价"时,买方可获得其中差价;当合约到期时的实时市场的电价低于"履约价"时,买方把其中差价支付给卖方。因此"差价合约"等同于一个已敲定价格为交易价格的远期固定合约,可以使购售电双方回避任何的市场价格波动风险。通常差价合约涉及的电量只是购售电双方的一部分,购售电双方都希望保留一部分交易电量进入实时市场,以获取更多的市场机会。

5.2.2 多边合同

多边合同是多边交易的主要实现形式之一;除了签订多边合同的购售电双方数量比双边合同购售电双方数量较多(一般为三者以上),在合同签订的市场经济主体也呈现比较明显的多元化,包括发供电企业、独立售电公司以及电力用户等。

5.2.3 长期合同

长期合同一般规定一年或一年以上的周期;以售电方参考节点为电能交付点和结算点;经区域电力交易中心进行安全校核后生效。长期合同一经生效,区域电力交易中心将其纳入省(市)联络线送受电计划并监督执行。

(1) 长期合同要在每年 12 月份前上报给区域电力交易中心,再由区域电力交易中心抄送给区域电网调度部门,内容包括年度总电量、分月电量,分月 96 点典型曲线。

(2) 当遇到系统限制难以安排电力电量交易时,区域电网调度部门于 12 月上旬最后一个工作日前将不能安排的电力电量情况告知合同双方,合同双方应按电网安全运行要求协商修改交易的电力电量，5个工作日内将修改后的合同计划报送区域电力交易中心和区域电网调度部门，经确认后，合同生效。

（3）长期合同在执行过程中原则上不作分月修改，但经购售电双方协商一致，以"合同执行修改单"的形式上报区域电力交易中心和区域电网调度部门，经区域电力交易中心和区域电网调度部门安全确认后，适当修改，合同执行修改单的主要内容为合同计划修改前后的96点典型曲线，分月电量。

（4）购售电双方必须在每月中旬最后一个工作日前将下月的96点曲线及电量上报区域电网调度部门，经区域电网调度部门安全校核后纳入省（市）联络线送受电计划。

5.2.4 中期合同

中期合同一般规定一年以内、一个月及以上的周期；以售电方参考节点为电能交付点和结算点；经区域电力交易中心进行安全校核后生效。中期合同一经生效，区域电力交易中心将其纳入省（市）联络线送受电计划并监督执行。

（1）中期合同必须上报给区域电力交易中心和区域电网调度部门，内容包括总电量、分月电量，分月96点典型曲线。

（2）中期合同在合同第一个计划交易点前一个月中旬第一个工作日前将计划安排上报给区域电力交易中心和区域电网调度部门，经区域电力交易中心和区域电网调度部门安全校核后，方可生效执行。

（3）中期合同在执行过程中原则上不作分月修改，但经购售电双方协商一致，以"合同执行修改单"的形式上报区域电力交易中心和区域电网调度部门，经区域电力交易中心和区域电网调度部门安全校核后，适当修改。合同执行修改单的主要内容为合同计划修改前后的96点典型曲线，分月电量。

（4）购售电双方必须在每月中旬最后一个工作日前将下月的96点曲线及电量上报区域电网调度部门，经区域电网调度部门安全校核后纳入省（市）联络线送受电计划。

5.2.5 短期合同

短期合同一般规定一个月以内、一天以上的周期；以售电方参考节点为电能交付点和结算点；经区域电力交易中心进行安全校核后生效。短期合同一经生效，区域电力交易中心将其纳入省（市）联络线送受电计划并监督执行。

（1）短期合同必须上报给区域电力交易中心和区域电网调度部门，内容包括总电量、时段电量、96点典型曲线。

（2）区域电网调度部门负责对短期合同进行安全校核，如果安全校核通过，短期合同的电力电量纳入省（市）联络线送受电计划。

5.2.6 实时合同

实时合同一般规定24小时以内的周期；以售电方参考节点为电能交付点和结算点；经区域电力交易中心进行安全校核后生效。实时合同一经生效，区域电力交易中心将其纳入省（市）联络线送受电计划并监督执行。

（1）实时合同提前1小时将合同申请上报区域电力交易中心和区域电网调度部门。

（2）实时合同经区域电网调度部门安全校核后生效，并纳入相应省（市）联络线送受电计划。

（3）在电网事故、信息传输中断等特殊情况下，购售电双方协商后，可通过录音电话或区域电力交易中心认可的形式提交合同申请，由区域电网调度部门当班调度员进行安全校核，校核完成后，可直接修改合同各方的送受电计划，同时合同各方必须在条件恢复后2小时内补签实时合同，并上报区域电力交易中心。

5.3 电力现货交易市场

电力现货交易市场主要是为了实现电力平衡。合同市场中的电量交易只有转化成为电力交易，才能在现货交易市场中实现电力平衡（图5-4）。根据经验判断，最简单的电力现货交易市场也要3年左右的时间才能完成从原理、细则、电脑程序、通信、市场培训、市场调试、市场启动的全过程。

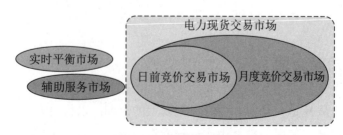

图5-4 电力现货市场的基本划分

5.3.1 月度竞价交易市场

月度竞价交易市场由区域电力交易中心组织运作；所有下一月未安排计划检修的 A 类机组均须在区域月度竞价交易市场出售下一月度的部分电能。同时，独立售电公司和大用户参与竞价，从月度竞价交易市场采购下一月度的电能。

区域电力交易中心在月度竞价交易市场中的具体职责如下：

（1）组织市场运作；

（2）发布月度竞价交易信息；

（3）接收和处理报价；

（4）确定和公布月度竞价交易结果；

（5）根据相关规定，对月度竞价交易进行适度的干预。

区域电网调度部门在月度竞价交易市场中的具体职责如下：

（1）根据月度竞价交易结果，编制月度省（市）联络线计划；

（2）与区域电力交易中心进行沟通和信息共享；

（3）实现电力电量的有效输配任务。

月度竞价交易市场采用峰电量、谷电量分别竞价的方式。发供电企业对峰、谷两时段分别提交发供电报价，独立售电公司和大用户对峰、谷两时段分别提交购电报价。

本省（市）范围内发电机组的中标电量视作月度合同进行处理，合同的买方为独立售电公司或本省大用户，卖方为省（市）范围内中标的发电机组。月度中标电量为月度合同电量，月度竞价交易价为月度合同电价。

1. 月度竞价交易流程

1）区域电力市场中，设定规范的时间点

（1）提交申报有关年度合同分月计划、次月高峰时段已安排最大出力、次月低谷时段已安排最大出力等信息的时间节点；

（2）公布预测可用交换电量限额、公布竞价机组次月的售电申报电量上限、年度合同分月上网电量、次月购电申报上限等信息的时间节点；

（3）公布各市场参与主体报价信息的时间节点；

（4）公布市场出清结果信息的时间节点；

（5）确定区域电网调度部门召开月度计划平衡会，区域电力交易中心进行市场出清简要分析的时间节点。

2）计划性基础数据的申报

发供电企业、省（市）电力公司、独立售电公司以及大用户按有关要求分别申报次月高峰和低谷时段的计划性基础数据。

发供电企业次月的计划性基础数据包括：

（1）各竞价机组最大可调出力；

（2）各竞价机组发电负荷率；

（3）各竞价机组综合厂用电率。

（4）B类机组的机炉检修计划和电气检修计划。

省（市）电力公司次月的计划性基础数据包括：

（1）预安排各竞价机组的年度合同上网电量；

（2）各竞价机组年度合同已安排最大出力；

（3）非竞价机组预安排上网电量；

（4）预计最高负荷；

（5）本省（市）上年次月实际用电量，省（市）上年次月实际用电量为省（市）统调用电量扣除统调机组综合厂用电量后的剩余电量。

独立售电公司以及大用户次月的计划性基础数据包括：

（1）各竞价电力用户的用电负荷率；

（2）用电量增长率预测值等；

（3）需求侧管理指标预安排电量。

3）区域电力交易中心提供初始数据

区域电力交易中心根据统计的电力电量交易合同信息，负责提供各省（市）次月高峰和低谷时段计划性交易电量、计划性区外来电电量。

（1）确定区域电力市场需求侧管理指标总电量；

（2）确定区域电力市场发电侧管理指标总电量。

4）申报电量限额的确定

（1）明确各竞价机组的高峰时段申报发电电量上限的计算公式；

（2）明确各竞价机组的低谷时段申报发电电量上限的计算公式；

（3）确定独立售电公司和大用户高峰时段的购电申报上限的计算公式；

（4）确定独立售电公司和大用户低谷时段的购电申报上限的计算公式。

5）发电报价

发供电企业提交的报价数据必须符合规则的具体要求。

（1）发供电企业在规则规定的限价范围内、规定的时间节点前，根据合同安排后的情况向区域电力交易中心提交下个月的月度售电量报价；

（2）发供电企业应通过区域电力市场技术支持系统提交报价曲线；

（3）发供电企业月度报价曲线以机组为单位；

（4）发供电企业对于峰、谷两个时段分别提交报价曲线。

6）购电报价

独立售电公司和大用户的报价数据必须符合规则的具体要求。

（1）独立售电公司和大用户在规则规定的限价范围内、规定的时间节点前，向区域电力交易中心提交下个月的月度需求报价；

（2）独立售电公司和大用户根据反馈信息，对于峰、谷两个时段分别提交报价曲线。

7）报价确认和修改

（1）发供电企业按照规定的要求自行负责对其申报的数据进行有效性检查；

（2）接到符合要求的报价后，区域电力交易中心必须立即向发电企业反馈相关信息：报价已经被技术支持系统接受的确认信息；被技术支持系统接受的报价数据内容；不满足要求的无效报价情况；

（3）对于无效的报价，电力交易中心必须立即向发供电企业反馈，同时指出无效的原因。

（4）在报价截止时间之前，发供电企业、独立售电公司和大用户可修改报价。报价时间截止后，高于发电申报电量上限的发电申报按发电申报电量上限处理；高于最高限价的发电报价按最高限价处理；高于购电申报电量上限的购电申报按申报电量上限处理；高于购电限价的购电报价按最高限价处理。

2. 月度竞价交易成交

（1）月度竞价交易按高峰时段、低谷时段分别出清。

（2）区域电力交易中心通过与区域电网调度部门沟通，将按网损折算后的发电报价和购电报价统一排序，形成全网发电报价曲线和购电报价曲线，其中月度购电报价曲线按电价降序排列，月度发电报价曲线按电价升序排列。

（3）月度竞价交易开标日，区域电力交易中心的交易系统运用相应的电力市场月度竞价交易出清算法，计算确定各竞价机组和独立售电公司（大用户）的中标电量和中标电价。

（4）月度竞价交易系统的输入数据包括经网损因子折算后的购电报价和发电报价、各省（市）联络线的送/受电量限额。

（5）月度竞价交易系统的输出数据包括各竞价机组和省（市）电力公司的无约束中标电量、有约束中标电量、无约束中标电价、有约束中标电价、各省（市）联络线的送/受电量。

（6）如网损系数折算后的报价相同而不能全部成交时，中标电量按该报价段申报电量比例分摊。

（7）月度竞价交易系统分别计算无约束、有约束市场出清结果。无约束计算时不考虑网络约束；有约束计算时考虑省（市）联络线的送/受电量限额约束。

3. 月度中标电量的分解及计划编制

（1）竞价机组的月度中标电量按高峰、低谷平均分配到相应时段，形成机组的月度竞价交易计划。

（2）独立售电公司（大用户）所在省（市）电网的受电量按高峰、低谷平均分配到相应时段，形成独立售电公司（大用户）的月度竞价交易计划。

（3）区域电力交易中心综合区外来电计划、双边交易计划、月度竞价交易计划，制定省（市）联络线月计划，并下达到省（市）电力调度部门。

5.3.2 日前竞价交易市场

日前竞价交易市场竞价之前，首先应明确执行日、竞价日、申报日和交易时段等规定；其次应明确区域电力交易中心和区域电网调度部门在管理日前竞价交易市场运作过程中的职责。

区域电力交易中心在日前竞价交易市场中的具体职责如下：

（1）接收和处理 A 类发供电企业在日前竞价交易市场的报价；

（2）发布日前竞价交易信息；

（3）确定和公布每个交易时段的市场清算价格；

（4）进行省（市）联络线结算；

（5）依据规则干预日前竞价交易的运行。

区域电网调度部门在日前竞价交易市场中的具体职责如下：

（1）接收和处理省（市）电力公司申报的执行日有关数据；

（2）编制全网执行日的发供电企业、独立售电公司（大用户）和省（市）联络线日计划。

【省（市）电力结算中心】在月度竞价交易市场中的具体职责如下：

（1）与发供电企业或独立售电公司（大用户）进行结算；

（2）向区域电力交易中心上报结算信息。

【省（市）电网公司】在月度竞价交易市场中的具体职责如下：

（1）负责将本省（市）调度管辖范围内机组的年度合同电量和月度竞价交易中标电量分解到执行日96个交易点，形成 A 类机组合同分解计划和 B 类机组合同分解计划，并上报区域电力交易中心和区域电网调度部门；

（2）负责上报本省（市）执行日96个交易点的负荷预测和负荷分配因子；

（3）负责上报本省（市）调度管辖范围内电气设备及线路组在执行日96个交易时段的稳定限额；

（4）负责安排和上报本省（市）调度管辖范围内机组在执行日的辅助服务安排；

（5）负责维护和上报本省（市）调度管辖范围内执行日的电网拓扑结构；

（6）负责上报本省（市）调度管辖范围内执行日阻塞市场力监控区内的A类机组名单；

（7）负责上报本省（市）调度管辖范围的执行日电气检修计划、机炉启停计划；

（8）执行区域电网调度部门公布的执行日发电计划和省（市）联络线送受电计划。

1.日前竞价交易市场竞价交易流程

1）省（市）电网公司向区域电网调度部门提交相关数据

（1）申报日某时刻前，提交执行日区域电网调度管辖、许可范围内设备的停复役申请，并完成执行日96个交易点的省（市）负荷需求的申报；

（2）申报日某时刻前，完成电网拓扑结构变化数据、阻塞市场力监控区内的A类机组名单、辅助服务安排和机组可调出力范围调整数据的申报，并提交执行日本省（市）调度管辖范围内设备的停复役计划；

（3）申报日某时刻前，将本省（市）机组在执行日的发电年度合同电量和月度竞价交易电量分解为执行日每个交易点每台机组的出力曲线，形成A类机组合同分解计划和B类机组合同分解计划，并完成计划申报；

（4）竞价日某时刻前，完成执行日的稳定限额申报，并根据区域电力交易中心发布的需求侧管理指标申报执行日的负荷预测；

（5）竞价日某时刻前，完成执行日负荷分配因子申报；

（6）竞价日某时段，对发电预计划进行安全校验，如果安全校验失败，调整B类机组发电预计划、设备或线路组稳定限额、辅助服务安排、机组可调出力范围、负荷分配因子、负荷预测，并对调整后的数据重新申报；

（7）竞价日某时刻，向发供电企业发布各自机组在执行日的发电计划；

（8）执行日某时刻，申报调整后的当日发电计划。

2）与区域电网调度部门进行沟通，区域电力交易中心公布相关数据

（1）申报日某时刻前，批准并发布区域电网调度管辖、许可范围内设备的停复役计划；

（2）申报日某时刻前，根据独立售电公司及大用户申报数据，按照有关规定确

定并发布需求侧管理指标,并判断并发布市场干预的通知;

(3) 申报日某时刻前,发布执行日的区外来电预计划及各省(市)辅助服务要求。

(4) 申报日某时刻前,校验各交易点全网运行机组最小出力之和是否大于区域全网需求,如果全网运行机组最小出力之和大于全网需求,区域电网调度部门按各省(市)多余出力比例发布各省(市)调停容量,各省(市)电网公司安排的调停机组容量必须大于区域电网调度部门发布的调停容量;

(5) 竞价日某时刻,发布执行日区域的统调负荷预测,各省(市)阻塞市场力监控区内 A 类机组名单和各 A 类机组的最大、最小可调出力,发电合同分解计划曲线;

(6) 竞价日某时段,形成执行日的发电预计划、省(市)联络线预计划及需求侧各方预清算价格;

(7) 竞价日某时刻,向省(市)电网公司发布各机组的发电预计划、省(市)联络线送受电预计划;

(8) 竞价日某时段,根据调整申报数据重新进行带安全约束的优化计算,形成并发布各类机组在执行日的日计划、省(市)联络线送受电日计划、需求侧各方清算价格与节点电价。

3) A 类发供电企业提交相关数据

竞价日某时段,A 类发供电企业以机组为单位提交 A 类机组在执行日的售电报价数据。

4) 独立售电公司和大用户提交相关数据

竞价日某时段,独立售电公司和大用户以负荷为单位提交在执行日的购电报价数据。

2. 日前竞价交易市场报价

1) 发电报价

(1) 发供电企业通过区域电力市场技术支持系统向日前竞价交易市场进行报价;

(2) 发供电企业日前竞价交易报价以机组为单位;

(3) 发供电企业提交的报价数据必须符合日前竞价交易市场报价有效性检查的具体要求;

(4) 各机组申报的最高报价经网损因子折算后不得高于最高限价;

(5) 所有参与日前竞价交易市场竞价的 A 类机组必须完成执行日的 96 个交易点的报价;若某机组未能按时完成报价,并且不存在缺省报价,该机组的所有可调出力按零报价处理;

(6) 每台机组在执行日每个交易点的报价曲线最多允许申报 10 组(段电价,

段电力），段电力以 MW 为单位并不小于零，段电价以元/MWh 为单位（含增值税）；段电力和段电价均不含小数点；

（7）从一个段到下一个段的电价必须单调递增；

（8）每台机组在每个交易点最后一段的段电力必须等于机组最大可调出力；

（9）发供电企业可以单独提交执行日某个交易点的报价，也可以同时提交执行日多个交易点或者执行日全部交易点的报价；

（10）发供电企业允许通过文件格式提交报价，当通信网络发生故障时，可以将报价文件转交给区域电力交易中心，由区域电力交易中心代为申报；

（11）在规定的报价截止时间之前，发供电企业随时可以修改其报价。

2）购电报价

（1）独立售电公司和大用户通过区域电力市场技术支持系统向日前竞价交易市场进行报价；

（2）发供电企业日前竞价交易报价以负荷为单位；

（3）独立售电公司和大用户提交的报价数据必须符合日前竞价交易市场报价有效性检查的具体要求；

（4）所有参与日前竞价交易市场竞价的独立售电公司和大用户必须完成执行日的 96 个交易点的报价；

（5）独立售电公司和大用户在执行日每个交易点的报价曲线最多允许申报 10 组（段电价，段电力），段电力以 MW 为单位并不小于零，段电价以元/MWh 为单位（含增值税）；段电力和段电价均不含小数点；

（6）从一个段到下一个段的电价必须单调递减；

（7）独立售电公司和大用户可以单独提交执行日某个交易点的报价，也可以同时提交执行日多个交易点或者执行日全部交易点的报价；

（8）独立售电公司和大用户允许通过文件格式提交报价，当通信网络发生故障时，可以将报价文件转交给区域电力交易中心，由区域电力交易中心代为申报；

（9）在规定的报价截止时间之前，独立售电公司和大用户随时可以修改其报价。

3）报价确认

（1）发供电企业、独立售电公司和大用户负责报价的有效性和正确性；

（2）接收到符合要求的报价后，区域电力市场技术支持系统应当自动向发供电企业、独立售电公司和大用户确认接收到的报价数据内容；

（3）区域电力交易中心接收到的报价中，如果不满足日前竞价交易市场报价有效性检查要求，则视为无效的报价；

（4）对于无效的报价，区域电力市场技术支持系统应当自动向发供电企业、独立售电公司和大用户反馈，同时指出无效的原因。

4）遵守报价

报价截止后，发供电企业、独立售电公司和大用户向区域电力交易中心的报价不得撤销和修改。

5）缺省报价

缺省报价是发供电企业、独立售电公司和大用户预先提交的一组报价数据。如果某发供电企业、独立售电公司或大用户在竞价日没有提交新的报价，其缺省报价数据将被视作该发供电企业、独立售电公司和大用户的正式报价。

发供电企业、独立售电公司和大用户可以采用缺省报价的方式来提交报价。缺省报价分为节假日、每日、周一、周二、周三、周四、周五、周六、周日共九种类别；发供电企业、独立售电公司和大用户在提交缺省报价时，每次只能选择其中的一种，并且每个类别只允许一个缺省报价；相同类别时，新提交的缺省报价将覆盖旧的缺省报价；发供电企业、独立售电公司和大用户可以在提交类型中选择"取消"来取消某个类别的缺省报价。

缺省报价提交成功后，区域电力市场技术支持系统在竞价日某时刻根据执行日所属的类别，将相应的缺省报价自动转化为执行日的报价。

发供电企业、独立售电公司和大用户在竞价日某时刻之前，可以重复提交报价数据，新的报价数据将覆盖原有的相同竞价时段的报价数据。

3. 日前竞价交易市场出清

1）市场出清原则

区域电力交易中心以执行日每一交易时段的全网购电成本最小化为目标函数，通过带安全约束的优化计算出清市场，获得日前竞价交易的发电计划和节点电价。优化算法考虑的约束条件包括：报价机组技术约束、发用电平衡约束、电网安全运行必需的稳定限额约束。

为确保优化算法有可行解，区域电力交易中心负责制定并公布上述约束条件的松弛条件。

为确保系统安全运行，根据市场干预的规定内容，判断并发布市场的干预通知。

区域电力交易中心负责协调组织省（市）电力结算中心的建立和维护。

所有电网约束的设定参照区域电网各相关稳定运行规定及各省（市）电网安全稳定运行规定执行。

2）市场出清计划

市场出清后，形成 A 类机组、B 类机组的 96 点日计划。

依据各机组 96 点日计划和区外来电日计划,形成省(市)联络线送受电日计划。

3)市场出清价格

日前竞价交易采用节点电价体系。节点电价为负数时,按零电价结算。

区域电网调度部门确定每台机组的中标出力,同时计算出机组所在上网点的节点电价、省(市)参考点的节点电价。

对于受爬坡率约束和最大、最小可调出力约束的机组不作为市场边际机组。

发供电企业的日前竞价电量按其上网点的节点电价进行结算。

4. 日前竞价交易市场的安全校核

根据发供电企业报价、独立售电公司负荷预测、省(市)电力公司网络拓扑等信息,区域电网调度部门进行带安全约束的优化计算,形成全网发电预计划和省(市)联络线送受电预计划,并将相关预计划发布给各省(市)电网公司。

省(市)电网公司接收到发电预计划和省(市)联络线送受电预计划后,负责本省(市)内的安全校核,并根据相关规定对包括发电预计划在内的数据进行调整,同时将调整后的数据和调整原因反馈给区域电网调度部门。

区域电网调度部门接收到修改后的发电预计划等调整数据后,第二次进行带安全约束的优化计算,形成全网发电日计划和省际联络线日计划,并通过电力交易中心发布信息。

5.4 辅助服务市场

5.4.1 实时平衡市场

1. 实时平衡原则

1)基本原则

(1)实时平衡实行统一调度分级管理,坚持公开、公平、公正的原则;

(2)实时平衡按照现行调度管辖范围的划分,区域电网调度部门、各省(市)电网公司负责管辖范围内的安全责任;

(3)区域电网调度部门、各省(市)电网公司按照相关的规定,负责实时平衡。

2)职责划分

区域电网调度部门依据规则进行实时调度,维护区域电网的发电、用电实时平衡调度。区域电网调度部门的实时平衡调度职责包括:统一指挥全网事故处理和管辖范围内的操作；统一布置和指挥全网的调峰、调频、调压和运行备用的调整；负责区域电网公司直属的实时调度；负责监控省（市）联络线送受电计划执行情况，并按相关办法进行考核；负责调度管辖范围内设备的安全运行；负责在安全校核允许的前提下修改省（市）联络线送受电计划。

省（市）电网公司依据规则及调度规程进行实时调度，负责本省（市）的发电、用电实时平衡。省（市）电网公司的实时平衡职责包括：执行区域电网调度部门下达的联络线计划；负责调度管辖范围内电气设备的安全校核和潮流调整；负责对本省（市）发电机组进行实时调度；负责对本省（市）发电机组发电计划实施性能指标管理；负责调度管辖范围内电气设备的操作和事故处理，配合区域电网调度部门进行系统操作和事故处理。

电力市场主体必须严格遵守调度指令，履行实时平衡的义务。

2. 实时平衡处理

实时平衡可分为：不修改省（市）联络线计划和修改省（市）联络线计划。

1）不修改省（市）联络线计划

（1）省（市）电网公司根据电网安全、经济运行的需要调整本省（市）实时发电出力；

（2）各机组发电计划调整量和剩余偏差量均按年度合同相应进行结算。

2）修改省（市）联络线计划

（1）根据电网运行情况，省（市）联络线计划须作调整，区域电网调度部门在区域电力交易中心的配合下，根据实时双边合同、区外来电计划修改相关省（市）的联络线计划，并及时发布修改后的联络线计划；

（2）省（市）联络线计划实时调整量分别根据调整类别进行结算。各机组发电计划调整量按年度合同相应进行结算。

5.4.2 辅助服务市场

辅助服务指为维持电力系统的安全稳定运行或恢复系统安全，以及为保证电能供应，满足电压、频率质量等所需要的由发供电企业提供的一系列服务。

1. 辅助服务类型

（1）自动发电控制（AGC）：指发电机组按电力调度交易机构的遥控指令，自动调节到指令要求的出力。

（2）备用：区域电力市场一期备用为旋转备用。

2. 辅助服务的性能指标管理

性能指标管理是指对 A 类机组的主要性能指标和实际运行状况进行考核，并收取和支付一定的费用。各省（市）电网公司可以根据不同情况，以 A 类发供电企业为单位对发电功率偏差和分时段发电量偏差进行考核。

向发供电企业收取的费用和减少的年度合同电量，全部支付给发供电企业，总量平衡。

性能指标管理适用于各省（市）电网公司调度管辖范围的 A 类机组，B 类机组在本规则的基础上另行制定性能指标管理规则。

根据各省（市）实际情况，对目前未达到要求的机组可暂缓收取支付费用，但应规定达标期限。

机组运行日是指在该日中的部分或所有时段，机组处于并网运行状态。

如无特别说明，调度计划曲线精确到 1MW，实际发电功率曲线记录精度为 1MW，当实际发电功率的采样精度高于 1MW 时，取整至 1MW。

如无特别说明，测量、计算过程中采用的取整方法均为"四舍五入法"。

1）流程

（1）性能指标管理分为性能指标考核、收支计算与核定、结算三个阶段。

（2）省（市）电网公司对其调度管辖范围的 A 类机组按照本规定进行性能指标考核。按照考核结果对被考核的发电机组进行费用和电量的计算，并通过调整，可以用相应发电机组支付的购电费的方式进行结算。

（3）性能指标考核以省（市）电网公司下发给各发电机组的日发电曲线（含修改）、交易中心能量管理系统（EMS）采集的实时数据和调度部门当班调度员的调度记录为依据。

（4）省（市）电网公司每年根据本规则进行一次考核工作。一个年度称为一个考核期。在一个考核期内进行收取和支付费用总额的平衡以及减少电量和增加电量的平衡。

（5）省（市）电网公司在下年的第一个月中旬提供本年度的考核结果，然后根据本规则对数据进行处理，形成分机组核对通知单，在该月下旬向各发供电企业发布，发供电企业在次月上旬返回核对意见，省（市）电网公司根据核对意见，结合实际情况对通知单数据进行调整，形成结算单向各发供电企业发布，并报有关机构备案。性能指标考核工作按季度进行。性能指标管理的结算工作按年度进行。

2）性能指标类型

性能指标包括运行状况和机组性能两大类。

（1）运行状况类。

发电功率偏差。在规定的采样时点，电厂实际发电功率与发电计划曲线对应功率的偏差若超过规定范围，则称该点为不合格点。不合格点的累计称为发电功率偏差不合格点数。用于粗略表征实际发电与计划的偏差。

分时段发电量偏差。在规定的采样时间间隔内，电厂实际发电曲线与发电计划曲线之间的电量偏差若超过规定范围，则超出范围的部分称为过（欠）发电量。分别累积高峰、腰荷、低谷时段的过（欠）发电量，可得到分时段发电量偏差。用于精确表征实际发电与计划的偏差。

机组非计划停运。未预先制订计划的机组停运称为机组非计划停运。

母线电压。发电厂母线电压偏差绝对值是否在规定的范围内，对超出规定范围的程度和时间进行统计；机组的发电功率因数是否在规定的范围内，对超出规定范围的程度和时间进行统计。

（2）机组性能类。

调差能力。核定的机组最高与最低技术出力的差与机组额定容量的比例。

AGC性能。组的AGC调节能力，通过AGC功率调节范围、调节速率等参数来表征。

一次调频性能。机组的一次调频响应和调节能力，通过频率偏差死区、转速不等率、一次调频投入的机组负荷范围、一次调频机组负荷调节限制、一次调频的响应时间等参数来表征。

进相运行能力。对机组的进相运行能力是否通过试验和实际运行中是否按照调度要求进行进相运行进行评价。

5.5 零售市场

赋予电力用户用电选择权、实现电力零售竞争是开展电力改革国家的共同选择。电力零售市场设计的内容可以大体概括成以下5点。

（1）零售端引入自由竞争，任何满足"基本条件"的商业实体均可申请电力零售牌照，成为独立售电公司。获得电力零售牌照的企业即可从事电力零售交易；

（2）电力用户可以随意更换独立售电公司；

（3）独立售电公司可自由决定零售电价的形式和零售合同的内容；

（4）零售电价受政府监管，在不超过零售电价上限的前提下，独立售电公司可自由决定零售电价；

(5) 独立售电公司可自由参加电力批发市场和金融市场的交易。

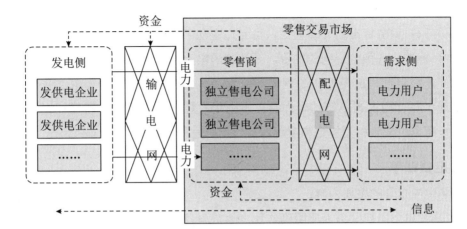

图 5-5 零售市场的基本运营

5.5.1 零售市场运行

1. 零售商许可证

制定许可证制度，详细规定独立售电公司申请成为电力零售商的条件、申请流程、许可证的发放和管理。在许可证中明确独立售电公司的服务范围、权利和义务等内容。设立资格认证机构，对申请资格认证的独立售电公司提出具体要求，对符合条件的独立售电公司评价资质等级，符合条件的独立售电公司公开公布，并制定取消资格证书的条款。独立售电公司对资格认证机构出具的资质报告有不同意见可以提出申诉，制定相关的申诉程序和最后仲裁条款。

2. 用户的权利

电力用户可自由选择电力零售商，用户有权变更电力零售商。在已经保证用户供电接入服务并且签订了供电合同的情况下，对于发生的电力供应服务的中断和不连续的电力供应服务等供电限制情况应该有明确规定。用户可以向其独立售电公司咨询有关问题，有权查询自己的用电信息。

3. 供电合同

设计标准格式的供电合同：

（1）电力用户供电合同的一般要求；

（2）电力用户对供电合同的特殊要求；

（3）有关确保电力用户供电服务标准的问题；

（4）标准格式供电合同的通知和补充；

（5）针对小型零售用户供电合同的信息披露制度；

（6）用户服务标准的变动通知，可允许变动的情况；

（7）标准格式供电合同的变更，经谈判的电力用户供电合同的收费变动。

另外，投诉过程应遵循相关规定和流程，在处理时也应符合要求。合同执行过程中出现了与合同内容不符的事件时，电力用户应按照相关规定和流程进行投诉；电力零售商也应按照相关规定和流程对电力用户进行投诉。

4. 电费账单

账单中应包含的主要内容：

（1）在电力用户账单上应明确体现出收费项目、账单的标准化格式；

（2）账单和账单相关问题的处理；

（3）对账单和账单相关问题的信息提供，历史账单的信息提供；

（4）账单签发的步骤，用户对账单的支付方式；

（5）电费费率变动后电费的计算方式。

另外，电力用户对计量表计的精确度产生怀疑时可以到指定机构进行表计的校验。

5. 组织运行

电力市场的组织运行包括系统运行和市场运行。

（1）系统运行。系统运行的作用是实现和完成市场运行的结果。系统运行的主要内容是调整机组出力，控制和调整系统潮流，进行事故模拟。

区域电网负责发电机组和一定电压等级的电网调度。各输电控制中心根据区域电网公司调度部门的调度指令运行设备，并完成一定电压等级以下设备的运行控制。

各配电控制中心负责执行输电控制中心的操作指令。系统调度的主要工作由计算机系统完成。调频增减、系统容量备用、机组组合、负荷控制等运行内容可通过市场手段实现。

（2）市场运行。

电力用户自由切换。电力零售商通过定价策略和产品、服务吸引用户，把从批发市场中购得的电力电量销售给电力终端用户，用户的供电、保修等日常业务由配电公司负责。

销售电价完全放开。市场中电力应被视为普通产品进行销售，零售商在进行电力销售时要求有明确的产品标识，内容包含电价、发电构成、服务项目等信息。

5.5.2 零售市场交易

1. 合同类型

电力零售市场中的合同主要有三种类型：标准购电合同、优惠购电合同和联合购买电力、天然气和其他能源服务的合同。

（1）标准购电合同中规定的结算电价的方式有两种：固定电价和实时电价。

①固定电价结算。采用固定电价结算方式的一般是短期合同。固定电价的确定可参考一些研究机构预测的未来电价指数；然而，因为未来电价的不确定性，固定电价一般会被确定得比较高。

②实时电价结算。实时电价结算的好处是电价数据真实，缺点是在合同期内电价可能波动很大，给电费计算带来麻烦。

（2）优惠购电合同中，电力零售商给电力用户提供三种电费优惠方案：固定折扣率、最小可确保折扣率和电费节余共享方案。

①固定折扣率方案。电力零售商每月结算电费时，给电力用户消费的总电费会优惠一个固定的比例。

②最小可确保折扣率方案。最小可确保折扣率方案通常比固定折扣率低，但由于没有确定上限，有可能在当月结算时，实际的折扣率很高。

③电费节余共享方案。事先不确定具体的折扣率，选择该方案的关键是电力用户能够得到电力零售商实际的买卖电力数据，以便真实了解电费节余的准确信息，电费节余部分由电力用户和电力零售商平均分享。这种优惠方案可能会实现最大程度的电费节余。

（3）签订联合购买电力、天然气和其他能源服务的合同需要对整个能源服务所能带来的资金节余进行分析和研究。能源服务商除了必须保证合同规定的电力、天然气、供水等项服务的质量，还需要建立能源基金用于确保所提供的能源服务的顺利完成。合同规定最小确保折扣率，超出最小确保折扣率的节余部分根据事先协商的比例在电力用户和能源服务商之间进行分配。该合同一般是长期合同，合同双方希望在长期的合作中取得整个能源费用的节余。

2. 电费谈判

电力用户与电力零售商协商谈判优惠的电费条件时，必须清楚地了解电费的详细构成状况，以便在谈判时占据主动。电力零售商的电费主要构成包括弹性电费和刚性电费。

1）弹性电费

（1）发电成本。发电成本是实际电力生产的成本或者电力批发市场上的电力趸售成本，一般占到电力用户总电费的 20%～40%，这是能够和电力零售商进行谈判获得优惠的部分。电力用户在与电力零售商谈判电费固定折扣率时，应该注意区分发电成本折扣和总电费折扣。

（2）代理费。从事电力供应服务的独立售电公司（电力零售商或者电力经纪人）的合理利润，一般是所代理电能成本的 0.5%～2%，这是可以进行谈判协商的。

（3）用户计量表费。电力供应商回收其为电力用户安装电表所发生的费用，这部分费用可以在电力用户和电力供应商之间进行谈判。

2）刚性成本

（1）燃料成本。燃料成本一般包含在发电成本当中。如果要求单独列出燃料成本，则不能打折。

（2）输电网过网费。电能经过输电网的电网使用费，由管制机构确定费率，不能打折。

（3）输电线路损耗费。平均线路损耗在流过线路功率的 1%～5% 之间，不能打折。

（4）配电网过网费。电能经过配电网的电网使用费，由管制机构确定费率，不能打折。

（5）配电线路损耗费。平均线路损耗在流过线路功率的 1%～4% 之间，具体数字由管制机构确定，不能打折。

（6）网间杂费。网间杂费包括系统维修费、投资折现、零售税等，不能打折。

（7）搁浅投资回收费。用于补偿电力供应商的投资费用，不能打折。

5.5.3 零售电价制定

零售电价的制定应综合市场需求、成本和竞争等三个方面的理论，可以根据销售额、现金利润、投资回收期等不同的目标将零售电价定为低于、等于或高于市场平均电价。在执行电价策略时，电力零售商可以灵活采用价格调整策略来适应多变的内部和外部环境，根据不同电力用户和电力市场环境采用多种优惠政策吸引电力用户。对电力用户提供优惠电价主要有两种办法：

1. 价格折扣

对于电力用户的提前付款、大批量购买、淡季购买等行为，电力零售商应该利用各种方式与电力用户分享利益，回馈电力用户。价格折扣方式有现金折扣、数量折扣、职能折扣、季节折扣等。

（1）现金折扣是对迅速付款的电力用户提供的减价，有利于提高电力零售商的现金流量，减少收回欠款的成本和坏账的出现。

（2）数量折扣是向大量购买电力的用户提供的一种减价，通常体现在长期购电合同中。

（3）职能折扣是当电力用户愿意执行一定的职能时向其提供的折扣，如电力用户同意参加负荷管理计划后，可以采用可中断电价。

（4）季节折扣是指消费淡季时电力销售商为电力用户提供的减价，如峰谷分时电价中的低谷电价。

2. 价格促销

价格促销策略的宗旨是采取一系列手段促进电力消费，主要包括现金回扣、低息融资、保证书与服务合同等。

（1）现金回扣是鼓励电力用户购买一定数量的商品或在某一特定时期购买商品时，电力销售商向电力用户提供现金回扣。现金回扣有助于电力销售商在不对价目表进行降低的情况下增加销售。

（2）低息融资指电力销售商不采取降价，而是向电力用户提供低息贷款，如在电力用户一次性交纳有关费用较困难时，可考虑采用这种方式来吸引客户。

（3）保证书与服务合同是电力零售商通过增加免费担保或服务合同来促销产品。如果电力用户愿意购买，电力销售商将不对保证书或合同收费，而是免费提供或减价提供。

5.6 电力交易结算规则

5.6.1 结算原则

结算采用日结月付年清算的原则。每日对时段电量、电费按交易品种、交易对象进行汇总；按月进行资金上的电费支付。结算品种包括合同结算、月度竞价交易、日前竞价交易、实时平衡、辅助服务。其中，月度竞价交易和日前竞价交易的结算按计划性电量进行结算。

（1）区域电力交易中心负责省（市）联络线交换电量的结算，省（市）电力结算中心负责本省（市）发供电企业、独立售电公司（大用户）的结算。

(2) 在结算时，区外来电优先结算，确保并支付。

(3) 对于区域内的电量电费结算，区域电力交易中心和省（市）电力结算中心将按照先收后付的原则进行支付，并考虑电费回收率、辅助服务补偿支付以及平衡账户的有关规定。

(4) 省（市）电力结算中心按规定对专项输配变电网络收取"过网费"。

5.6.2 电力合同结算

购售电双方在签订长期合同的价格时，可以参考电力现货交易市场的价格。

(1) 合同结算要求实现过程在区域电力交易中心进行。

(2) 合同结算过程应保证购售电双方按照合同中规定的量与价单独结算。

(3) 对于电网公司的输配电费，应按合同规定由合同指定一方进行清算：发供电企业单方结算、独立售电公司（大用户）单方结算、发供电企业和独立售电公司（大用户）双方结算。

5.6.3 月度市场电能结算

1. 月度竞价交易电能结算基本数据

(1) 月度竞价交易出清后，将公布月度竞价交易电能结算的基本数据，并用于结算。

(2) 区域电力交易中心和省（市）电力结算中心按照规定，将月度竞价交易电量数据分解到每个交易时段。

2. 区域电力交易中心与省（市）电力结算中心之间的结算

(1) 无约束上机组时，省（市）电力结算中心向区域电力交易中心支付T类时段的输配电费。

(2) 有约束上机组时，省（市）电力结算中心就约束上部分电量向区域电力交易中心支付，并支付给约束上机组所在省（市）。

3. 省（市）电力结算中心与发供电企业之间的结算

(1) 发供电企业上网电费（月度）由省（市）电力结算中心向发供电企业支付。

(2) 发供电企业上网电费（月度）包括非约束机组上网电费、约束（上、下）机组上网电费、上网电费。

4. 省（市）电力结算中心与独立售电公司（大用户）之间的结算

独立售电公司（大用户）的电费（月度）由省（市）电力结算中心向独立售电公司（大用户）收取。

5. 月度竞价交易结算业务流程

月度竞价交易的结算周期为 1 个月。

（1）区域电力交易中心向省（市）电力结算中心发出的结算账单包含以下内容：省（市）月度竞价交易送网电量、相应电价和电费（月度）；省（市）月度竞价交易购网电量、相应电价和电费（月度）；该结算周期区域电网公司对省（市）电网公司的应收（付）款净额总额。

（2）省（市）电力结算中心向发供电企业发出的结算账单包含以下内容：发供电企业在峰、谷时段的月度竞价交易上网电量、相应电价和电费（月度）；该结算发供电企业对省（市）电力公司的应收（付）款净额总额。

（3）省（市）电力结算中心向独立售电公司（大用户）发出的结算账单包含以下内容：独立售电公司（大用户）在峰、谷时段的月度竞价交易用电量、相应电价和电费（月度）；该结算独立售电公司（大用户）对省（市）电力公司的应收（付）款净额总额。

5.6.4 日前市场电能结算

区域电力交易中心在日前竞价交易出清后，将确定以下结算基本数据：

（1）发供电企业 k 的 m 机组在第 t 时段的中标电量扣除厂用电后的上网电量。

（2）发供电企业 k 的 m 机组签订的第 n 类合同分解到日前竞价交易第 t 时段的上网电量。

（3）s 省（市）电网公司在日前竞价交易第 t 时段的净受进电量。

（4）独立售电公司（或大用户）u 与发供电企业 k 签订的第 n 类合同分解到日前市场第 t 时段的电量。

（5）s 省（市）电力结算中心与区域电网公司签订的第 n 类合同分解到日前竞价交易第 t 时段的电量。

（6）日前竞价交易第 t 时段独立售电公司（或大用户）u 参考节点的节点电价。

（7）日前竞价交易第 t 时段发电企业 k 的 m 机组的上网点的节点电价。

1. 区域电力交易中心与省（市）电力结算中心之间的结算

（1）区域电力交易中心负责省（市）联络线交换电量的结算。

(2)区域电力交易中心考虑区外来电、统销电量、双边交易等因素后向各省（市）电力结算中心收取／支付日前竞价交易竞价部分的电费。

(3)区域电网公司的阻塞盈余将根据电量比例，在日前竞价交易上为净受电的省（市）内进行返还。

2. 省（市）电力结算中心与发供电企业的结算

(1)发供电企业上网电费（日前）由省（市）电力结算中心向发供电企业支付。

(2)发供电企业年度合同电量根据年度合同分解计划和年度合同电价计算。

(3)发供电企业日前竞价交易部分的上网电费。

(4)省（市）电力结算中心向本省（市）内 A 类机组收取送出增量部分的过网费。t 时段过网费根据扣除各类合同电量后的差值来收取。过网费在 A 类机组中分摊比例根据各机组日前中标电量扣除年度合同电量后的差值来确定。

3. 省（市）电力结算中心与独立售电公司（大用户）的结算

(1)独立售电公司（大用户）用电费（日前）由省（市）电力结算中心向独立售电公司（大用户）收取。

(2)独立售电公司（大用户）年度合同电量根据年度合同分解计划和年度合同电价计算。

(3)独立售电公司（大用户）日前竞价交易部分的购电电费。

(4)省（市）电力结算中心向本省（市）内独立售电公司（大用户）收取送出增量部分的过网费。t 时段过网费根据扣除各类合同电量后的差值来收取。

4. 日前竞价交易结算业务流程

(1)日前竞价交易的结算周期为 1 个月。

(2)区域电力交易中心向省（市）电力结算中心发出的结算账单包含以下内容：省（市）送网电量、相应电价和电费（日前）；省（市）购网电量、相应电价和电费（日前）；该结算周期区域电网公司对省（市）电网公司的应收（付）款净额总额。

(3)省（市）电力结算中心向发供电企业发出的结算账单包含以下内容：发供电企业在各时段的上网电量、相应电价和电费（日前）；调整付款比例及调整后实际应付款；该发供电企业对省（市）电力公司的应收（付）款净额总额。

(4)省（市）电力结算中心向独立售电公司（大用户）发出的结算账单包含以下内容：独立售电公司（大用户）在各时段的用电量、相应电价和电费（日前）；调整付款比例及调整后实际应付款；该独立售电公司（大用户）对省（市）电力公司的应收（付）款净额总额。

5.6.5 实时平衡结算

参与实时平衡市场的经济主体还需要进行不平衡结算。不平衡结算包括信息不平衡结算和平衡机制下的能量结算。

1. 信息不平衡结算

当机组或负荷在合同中规定的出力或负荷水平与实际量测值之间存在差异时，向调度员提供不准确合同信息的市场主体需要为此付出的代价，分为溢出价格（以成交电量为权重的加权招标价格）和注入价格（以成交电量为权重的加权投标价格）。

（1）发电量超过合约水平的发电商以及用电量低于合约水平的用户，采用溢出价格。

（2）发电量低于合约水平的发电商以及用电量高于合约水平的用户，采用注入价格。

2. 平衡机制下的能量结算

区域电力交易中心对接收的招标和投标按报价进行结算。

5.6.6 辅助服务结算

当发供电企业按照调度部门要求合理、及时、准确地提供辅助服务时，调度部门应将发供电企业辅助服务的执行情况和信息报送省(市)电力结算中心，再由省(市)电力结算中心上报区域电力交易中心备案。

次年的计划性发电任务分配中，对辅助服务执行力较优的发供电企业予以额外电量奖励。

5.6.7 性能考核结算

1. 发电功率偏差

（1）当机组处于 AGC 功能退出状态时执行此项考核（机组正常启动和停运过程中除外）；当机组发生非电网直接原因造成的非计划停运，则从机组发生停运开始两小时后停止执行此项考核。

（2）各发电机组发电功率实绩与对应的发电功率计划曲线值进行比较，偏差超过设定标准的采样点为不合格点。调度部门记录机组每月发生的不合格点数量。

（3）设定相应的费用收取支付标准。

2. 分段发电量偏差

当机组处于 AGC 功能退出状态时执行此项考核（机组正常启动和停运过程中除外）。当机组因电网直接原因发生非计划停运，此机组在停运期间不执行此项考核；当机组发生非电网直接原因造成的非计划停运，则从机组停运开始的两小时内继续执行此项考核，两小时后停止执行。当电厂向调度部门申请用其他机组剩余出力替代停运机组出力并获得批准时，按照原发电曲线执行考核。

利用调度部门 SCADA/EMS 系统对机组发电功率的采样数据计算出这 5 分钟时段内机组的计划电量。实际发电量与计划电量比较误差超过设定标准的部分为偏离日计划发电量。正偏离日计划的发电量称过发电量，负偏离日计划的发电量称欠发电量。分别累计每个 5 分钟时段的过发、欠发电量。

设定相应的费用收取支付标准。

3. 停运

纳入机组停运考核范围的包括：正常运行的机组发生突然跳闸和被迫停运者；未按有关规定得到批准而停运的机组；处于备用或检修到期的机组未按调度指令并网和接带负荷者；机组临检总时间超过相关规定的机组。

凡发生下列情况之一免于考核：非电厂原因；机组计划检修报竣工前。

考核范围内的停运分为四类：停运前未向调度部门报告的停运（包括机组跳闸和不能按计划开机）为 A 类；向调度部门报告要求在报告后两个交易时段（含报告时所处时段）内停运的为 B 类；向调度部门报告要求在两个交易时段后但在已排定日调度计划的时段内停运的为 C 类；其他情况的停运为 D 类。

设定相应的费用收取支付标准。

4. 调差能力

机组调差能力是核定的最高与最低技术出力的差。机组调差能力应当达到额定容量的一定比例。

设定相应的费用收取支付标准。

5. AGC 性能

一定装机规模的机组均应具有 AGC 功能，除调度部门指令退出外，必须保持投入状态。一个月中连续 2 天或累计 5 天及以上 AGC 功能不能投入的运行机组视为当月未投入 AGC 功能。

AGC 机组的可调范围以核定的调节范围上、下限为依据，AGC 机组的可调范围必须达到额定容量的一定比例；AGC 机组的调节速率由调度交易中心能量管理系统

（EMS）测定，调节速率必须达到每分钟对应的相应比例额定容量。

设定相应的费用收取支付标准。

6. 一次调频性能

一定装机规模的机组均应具有电网要求的一次调频性能。由调度部门能量管理系统（EMS）测定。

设定相应的费用收取支付标准。

即测即练题

案例讨论 >>>

甘肃省电力市场供过于求的现象严重，全省4500万千瓦装机只有1600万千瓦负荷，2015年弃风率达60%。甘肃电力市场规定所有火电都在市场上直接交易，利用小时数达到3800小时左右，但有些电厂仍面临困境。如甘肃平南250万千瓦机组电厂2015年电力交易量为零，原因是公司不愿意降低价格，仍依赖电网公司分配电量，但实际上没有发一度电的计划电量。

2015年公司停产令平南电厂面临巨大压力，电厂在2016年市场交易总报出0.16元/千瓦时的低价，这一价格比度电成本低0.02元/千瓦时。

在云南的调研中我们发现，云南受国际和国内经济下降和产能过剩影响，2015年首次出现电量负增长。省内主要行业平均开工率低，2013—2015年平均开工率分别为61.39%、58.66%、53.12%。

但电力装机方面则保持较快增长，全省装机容量由2010年3600万千瓦增加到2015年7915万千瓦，年均增长率为17%；装机增量包括3300万千瓦水电装机，580万千瓦火电装机和110万千瓦光伏装机。预计2016年底云南省发电能力超过3000亿千瓦时，而省内总需求约为2100亿千瓦时。

云南电力市场各方博弈激烈，争取交易规则话语权。其中，电网公司规则倾向于电网企业，能源管理部门规则倾向于用户和发电企业，在发电量过剩的条件下，水电对风光、发电对电网、发电侧对用户侧都存在不同程度利益冲突。

广东电力市场2014—2016年直接交易电量占总电量的比重分别为4%、6%和10%，按照国家能源局的要求2018年实现工业电量100%放开，2020年实现商业用电量的全部放开。

广东省电量交易包括双边协商和集中竞价两种，2016年双边280亿元，140亿元月度竞价，总交易占到10%。集中竞价交易是指电力大用户与发电企业在指定时间内通过交易平台申报电量和价格，根据买方、卖方申报价差空间由大到小排序成交；申报价差相同时，综合煤耗低的发电企业优先成交，经安全校核和交易中心确认后，由交易中心对外发布成交结果确定的直接交易。

广东制定差额电费返还制度，在交易初期买卖双方差额电费25%返还给用户，75%返还给发电厂。比如，在某成交价位上买卖价差总额为68万元，某发电厂降价贡献率为41%，则该电厂返还68万元中的41%。贡献率＝电厂降价电费÷总降价电费，降价电费＝申报价差×在该成交价位成交的电量，该价位最终的结算价格＝申报价－返还价差，用户侧结算价格原则与发电侧相似。

在当前的规则下，广东电力交易并不是买卖单独匹配，而是双向单边市场交易，交易结果由电量交易上限决定，并不取决于买卖价差空间。考虑到一些售电公司体量大，会在不同价位上申报电量，低报价带来的交易剩余的电厂和用户结算后形成的交易剩余将会补贴交易排序比较低的市场主体，返还机制的存在令主体博弈动机很强。

从结算双方买卖价差与结算价差来看，在返还机制的作用下，发电侧申报价差大、结算价差小；用户侧正好相反，结算价差在申报价差较小的基础上被放大，这使买卖双方在参与交易过程中有很大博弈空间。但问题在于，这种机制下报价低的买方和报价高的卖方获益，实际是在鼓励落后产能和高成本企业。

返还电费取决于申报电费价差在所有价差中所占的比例；返还系数由0.25调整为0.5使发电侧结算价差变大、用户侧返还电费增加，引导发电合理报价。从3月到8月的交易情况来看，用户侧最高报价没有明显变化，但用户最低报价起伏较大，报价主力分布贴近最低报价。原因是用户侧有大量售电公司参与，这些售电公司体量较大，报价相对集中，使得最低报价向售电公司报价中枢靠拢。

从以往成交数据来看，买卖双方有较大博弈空间，从4月到5月买方成交报价出现突降，报价从-0.076元/千瓦时下降到-0.03元/千瓦时，这超乎预料。我们推测，有可能是体量较大的市场主体采取一致行动，通过降低报价获得收益。

5月之前由于发电侧申报价格竞争十分激烈，发电侧在高返还系数下愿意报低价抢占电量；6月返还系数降低使得发电侧报价整体抬高。除此之外，发电侧报价抬高还有另外一个因素：10月开始签订第二年"长协"，其协议价格与发电企业申报价格有一定关联性。因此，发电企业一致抬高了申报价格。总体来看，售电公司的报价策略是比较成功的，以70%的中标电量分享了90%的发电厂让利。

案例讨论

第 6 章

运营主体信用风险

学习目标 >>>

1. 了解售电公司的分类;
2. 清楚售电公司信用风险系统构成;
3. 掌握如何构建信用风险模型。

引导案例 >>>

由于历史的沿革,电力企业多由原国有电力企业分离、派生或新建而成,生产经营业务面向社会、市场和用户,客户主体相互复杂交错。电力企业在生产经营与发展过程中,面临随时而来的信用风险。

扩展阅读6.1

我国各地区经济发展、人文环境差异较大,社会信用体系建设也呈现了显著的层次性、阶段性的特征。各地建设社会信用体系的进展程度不一致,社会信用体系建设既要全国统一进行整体布局,又要与各地区发展水平相适应。地方面临与全国信用体系建设有机融合面临巨大的挑战。

由于历史和政策因素影响普遍较差,部分企业负债负担较重。部分发电企业市场份额逐渐减少;部分供电企业执行国家的对多行业优惠电价政策和政治性供电的压力,企业效益被弱化,加之多年的城网农网改造大量资金投入,企业沉重负担。

基层电力企业信用管理环节薄弱,多未设立信用管理部门和岗位,或不明确信用归口管理部门,有关信用管理的业务分散,工作职能缺位。企业不关心企业质量、安全和环保等国家标准的贯彻与认证，企业制定与执行的标准凌乱，未形成与国际接轨的统一标准体系。

6.1 售电公司信用风险系统

6.1.1 售电公司的分类

根据资本构成将售电公司大致分为五类：电网资产型售电公司、电厂窗口型售电公司、增量配电网售电公司、其他与电力能源相关的售电公司、独立售电公司。具体阐述见表 6-1。

表 6-1 售电公司分类

类型	构成	优势	劣势	用户	威胁
电网资产型售电公司	从电网公司剥离出来的售电公司	1. 掌握输配电网络资源 2. 客户资源覆盖各个行业 3. 丰富的售电经验 4. 完备的客户服务体系 5. 有规模优势和很强的抗风险能力	1. 缺少发电资源 2. 决策不灵活	居民以及电力大小用户	电改政策有限制
电厂窗口型售电公司	隶属发电企业中央或地方能源集团，包含火电发电、水电发电、核电，并网风电发电等	1. 掌握发电资源 2. 对电力行业非常熟悉 3. 在多轮大用户直接交易中积累了一定的经验和客户基础 4. 有规模优势和很强的抗风险能力	1. 没有配电网资源 2. 缺乏客户经验 3. 缺乏增值服务技术 4. 运营效率不高	居民以及电力大小用户	产业结构调整，新增大工业用户数量有限或与电厂直接交易
增量配电网售电公司	包括大型用电企业（如中石化等）、高新园区、供水热气等公共服务行业、节能服务公司等	1. 在园区拥有配电网资源，部分拥有电源资源 2. 区内大用户集中 3. 注册资本较大，有一定的规模优势和抗风险能力 4. 多为混合所有制，融合政府、电网、电厂、银行等企业的多重优势	1. 发电资产不够雄厚 2. 运营配电网经验不足 3. 配电网、电源及客户资源集中在固定区域，发展受限 4. 兜底服务不完善	园区电力大用户等	1. 取得供电营业许可证有难度 2. 构成复杂，难以协调各方利益
其他与电力能源相关的售电公司	与电网相关的工程建设公司，与用户贴近的节能服务公司	1. 很强的增值服务能力 2. 可将业务在不同领域互相延伸 3. 市场营销能力较强	1. 没有发电资源 2. 没有配电资源 3. 缺少售电经验	能源用户、节能大用户	产业结构调整，新增大工业用户数量有限

续表

类 型	构 成	优 势	劣 势	用户	威 胁
独立售电公司	纯社会资本组建的跨界售电公司	1. 决策灵活 2. 市场营销能力强 3. 庞大的客户群体 4. 金融、保险及互联网企业本身拥有完美的销售渠道和平台，线上业务实力强	1. 没有发电资源、配电网资源 2. 缺少售电经验 3. 缺乏增值服务技术和经验 4. 抗风险能力较差	电力大、小用户	后期准入门槛提高，监管严

6.1.2 售电公司信用风险评价指标

随着新一轮电力体制改革的深入推进，从可持续发展角度构建售电公司信用风险综合指标体系具有重大的意义。参考中电联发布的《售电企业及电力大用户两类专业信用评价指标体系（试行）》、查阅大量参考文献以及相关专家建议，构建了售电公司信用风险评价指标体系，包括3个一级指标，8个二级指标，20个三级指标，具体见图6-1。

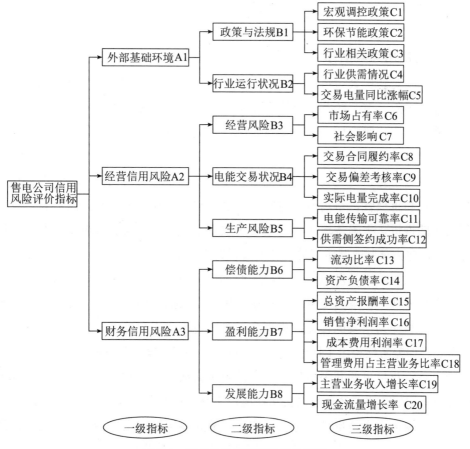

图 6-1 售电公司信用风险评价指标

1. 外部基础环境指标

外部基础环境是售电公司可持续发展的保障，也是中国新一轮电力体制改革下售电公司战略转型的重要支撑，能够更好适应外部环境的售电公司能有更长远的发展。从政策与法规和行业运行状况两个维度对售电公司外部基础环境进行信用风险评估，确定了5个三级指标，即宏观调控政策、环保节能政策、行业相关政策、行业供需情况和交易电量同比涨幅。具体解释如下：

宏观调控政策是指国家在电力体制改革方面发布的影响电力市场以及售电公司发展的一系列政策指导；环保节能政策是指国家在环保方面发布的影响售电公司的方针政策、法令法规等；行业相关政策是指电力行业内发布的改革性政策和其他引导性政策。宏观调控政策、环保节能政策和行业相关政策均会对售电公司产生影响。此外，售电公司所面对的政策风险只能降低不能消除。

行业的供需情况决定了售电公司的竞争环境，直接影响售电公司的盈利水平，一个行业的发展与其供需情况息息相关。对于售电公司而言，全国发电量和交易电量十分重要，需要选取能够反映交易电量变化的指标。售电公司交易电量同比涨幅就是同比增长幅度，涨幅大会增加售电公司的利润，进而增加售电公司的盈利能力和偿债能力。

2. 经营信用风险指标

经营信用风险是售电公司可持续发展的驱动力，也是提高售电公司核心竞争力的关键。从经营风险、生产经营、电能交易状况三个维度进行售电公司信用风险评估，并且确定了7个三级指标，即市场占有率、社会影响、交易合同履约率、交易偏差考核率、实际电量完成率、电能传输可靠率和供需侧签约成功率。具体解释如下：

市场占有率是指售电公司交易电量在总交易电量中的占比，反映售电公司在行业中的地位和重要性，市场份额越高，竞争力越强。社会影响是指随着新一轮电力体制改革的推进，中国各地成立售电公司数量不断增加，反映售电公司在社会的被接受程度，电力体制改革示范地的售电公司尤为突出。

交易合同履约率是发电侧与用户侧通过售电公司交易电量，成功履行合同的比率。该指标体现了在电力交易的过程中，售电公司的履约信用率；交易偏差考核率是实际执行与交易结果的偏差，售电公司参照电力大用户结算其参与批发市场的价差电费，当偏差考核超出了地区固定的正负偏差范围，售电公司将收到一定的惩罚，该指标也是近年提出的新考核指标；实际电量完成率是指实际用电电量与合同签订用电总量的比值，主要体现售电公司在电量交易过程中合同电量的完成情况。

电能传输可靠率是反映售电公司安全可靠传输电能的主要指标，从发电侧到用户侧的实际总传输电能与总预计传输电能之比。该比值越大,表明安全可靠率越高,反之则弱;供需侧签约成功率是指发电企业与用电客户向电力交易中心报价,最终供需侧签约成功的比率。

3. 财务信用风险指标

财务信用风险是售电公司可持续发展的基础,也是售电公司整体效益的核心体现。从偿债能力、盈利能力和发展能力等三个维度进行售电公司信用风险评估,并且确定了8个三级指标,即流动比率、资产负债率、总资产报酬率、销售净利润率、成本费用利润率、管理费用占主营业务比率、主营业务收入增长率、现金流量增长率。具体如下解释:

流动比率是流动资产对流动负债的比率,主要衡量售电公司流动资产在短期债务到期以前,可以变为现金用于偿还负债的能力。售电公司流动比率越高,售电公司的变现能力越强,短期偿债能力越强,反之则越弱;资产负债率是指负债总额与资产总额的比率,是衡量售电公司负债水平及风险程度的重要指标。

总资产报酬率是投资报酬与投资总额之间的比率,总资产报酬率越高,说明售电公司创造利润的能力越强。销售净利润是净利润与销售收入的比值,反映售电公司电能交易的获利能力,净利润越高,售电公司的偿债能力越高。成本费用利润率是利润总额与成本费用总额的比值,该指标越高越好,能体现一个单位的成本带来多少利润;管理费用占主营业务比率体现了经营过程中不同售电公司对期间费用的控制情况,该指标越小,说明售电公司成本控制能力越强,盈利能力越强。

主营业务收入增长率是指本期主营业务收入与上期主营业务收入之差与上期主营业务收入的比值。主营业务收入增长率反映售电公司的产品生命周期,一般认为,当主营业务收入增长率低于-30%时,说明公司主营业务大幅滑坡,预警信号产生;现金流量增长率是本年现金流量增长值与上年现金流量的比值,用环比表示,指标增长越快说明售电公司的正常可持续发展能力越好。

6.1.3 指标定性定量分类

根据以上描述,可以把这些指标分为定性指标和定量指标,定量指标可以通过数据统计得到,定性指则标通过专家或专业评价公司打分的方式获得。

表 6-2 售电公司信用风险评价指标分类

指　　标	定量指标	定性指标	相 关 性
宏观调控政策		√	
环保节能政策		√	
行业相关政策		√	
行业供需情况		√	＋
交易电量月环比涨幅	√		＋
市场占有率		√	＋
社会影响		√	＋
交易合同履约率	√		＋
交易偏差考核率	√		＋
实际电量完成率	√		＋
电能传输可靠率	√		＋
供需侧签约成功率	√		＋
流动比率	√		＋
资产负债率	√		－
资产报酬率	√		＋
销售净利润率	√		＋
成本费用利润率	√		＋
管理费用占主营业务比率	√		－
主营业务收入增长率	√		＋
现金流量增长率	√		＋

6.2 模型构建

6.2.1 直觉模糊集

在模糊理论和模糊控制的基础上，保加利亚的阿塔纳索夫（Atannassov）等学者提出了直觉模糊集定义及其基本运算法则。

定义1：设 X 是一个非空集合，则称 $A=\{x=(\mu_A(x),\upsilon_A(x)),x\in X\}$ 为直觉模糊集，其中 $\mu_A(x)$ 和 $\upsilon_A(x)$ 分别是 X 中元素 x 属于集合 A 的隶属度和非隶属度，同时满足：$\mu_\alpha\in[0,1], \upsilon_\alpha\in[0,1]$，$\mu_\alpha+\upsilon_\alpha\leq 1$，且 $0\leq\mu_A(x)+\upsilon_A(x)\leq 1$。此外，$\pi_A(x)=1-\mu_A(x)-\upsilon_A(x)$，$x\in X$ 表示元素 x 属于 A 的犹豫度。

定义 2：设 $\alpha=(\mu_\alpha, \upsilon_\alpha)$ 为直觉模糊数，其中 $\mu_\alpha \in [0,1], \upsilon_\alpha \in [0,1]$，$\mu_\alpha + \upsilon_\alpha \leq 1$。

例如 $\alpha=(\mu_\alpha, \upsilon_\alpha)=(0.6, 0.3)$，代表一个方案有十个人进行投票，投票结果为 6 个人同意，三个人反对，一个人弃权。

对于任意的直觉模糊数 $\alpha=(\mu_\alpha, \upsilon_\alpha)$，都可以通过得分函数 s 对其进行评估：

$$s_{(\alpha)} = \mu_{(\alpha)} - \upsilon_{(\alpha)} \tag{6-1}$$

其中，$s_{(\alpha)}$ 为 α 的得分值，$s_{(\alpha)} \in [-1,1]$，$s_{(\alpha)}$ 越大，则说明直觉模糊数越大。

判断矩阵是人们对于每一层次各因素的相对重要性给出的判断并且将判断写成矩阵形式，是直觉模糊层次分析法重要的一步，能够更直观、全面的表达和描述决策者的偏好。

将决策者对属于同一上层指标的同层次不同指标进行两两比较的定性偏好关系并且转换成上文提到的直觉模糊数，构造直觉模糊判断矩阵 $R=(r_{ij})_{n \times n}$，其中 $r_{(ij)}=(\mu_{ij}, \upsilon_{ij}, \pi_{ij})$，$(i,j=1,2,\cdots,n)$，$i$ 和 j 分别表示判断矩阵的行和列；μ_{ij} 表示隶属度，代表指标 i 优于指标 j 的程度；υ_{ij} 代表指标 j 优于指标 i 的程度；π_{ij} 表示犹豫度即在指标 i 和指标 j 徘徊的程度，且 $\pi_{ij}=1-\mu_{ij}-\upsilon_{ij}$。

本章直觉模糊判断矩阵中的直觉模糊偏好关系是邀请了五位相关专家打分获得，相应的评分标度如表 6-3 所示。

表 6-3 直觉模糊判断矩阵评分标度

含 义	标 度
因素 i 极其优于因素 j	(0.90, 0.10, 0.00)
因素 i 强烈优于因素 j	(0.80, 0.15, 0.05)
因素 i 明显优于因素 j	(0.70, 0.20, 0.10)
因素 i 稍微优于因素 j	(0.60, 0.25, 0.15)
因素 i 等同于因素 j（$i \neq j$）	(0.50, 0.30, 0.20)
因素 j 稍微优于因素 i	(0.40, 0.45, 0.15)
因素 j 明显优于因素 i	(0.30, 0.60, 0.10)
因素 j 强烈优于因素 i	(0.20, 0.75, 0.05)
因素 j 极其优于因素 i	(0.10, 0.90, 0.00)

6.2.2 云模型的基本概念

云模型是由中国工程院院士李德毅提出的，处理定性概念与定量描述的不确定转换模型。对于模糊不确定的概念，云模型能够使其有一个量的评判标准。它可以表示由定性概念到定量表示的过程即正向云发生器，也可表示由定量表示到定性概念的过程即逆向云发生器。

定义：设 U 是一个用精确数值表示的定量论域，C 是 U 上的定性概念，若定量值 $x \in U$，且 x 是定性概念 C 的一次随机实现，x 对 C 的确定度 $\mu(x) \in [0,1]$ 是具有稳定倾向的随机数。

若 $\mu: U \rightarrow [0,1], \forall x \in U, x \rightarrow \mu(x)$

则 x 在论域 U 上的分布称为云，每一个 x 成为一个云滴。

用云的 3 个数字特征表示云滴的分布规律。

（1）期望 $E_{(x)}$：最能代表定性概念的点，云滴在论域空间分布的期望。

计算方法：$E_{(x)} = \dfrac{1}{n} \sum\limits_{i=1}^{n} X_i$ （6-2）

（2）熵 E_n：代表云滴分布的不确定性和模糊性，用以度量不确定的程度以及云滴的离散程度，反应在曲线上就是带宽，同时反映了期望的模糊程度。

计算方法：$E_n = \sqrt{\dfrac{\pi}{2}} \times \dfrac{1}{n} \sum\limits_{i=1}^{n} |X_i - E_x|$ （6-3）

（3）超熵 H_e：熵的熵，熵的不确定性度量，超熵越大，模型的不确定性越大，云的厚度越大。反映了云滴的离散程度和隶属度随机性，表征了预测误差波动范围的集中程度，其数值大小与云滴厚度成正比，值越小，稳定性越好。

计算方法：$H_e = \sqrt{S^2 - E_n^2}$ （6-4）

其中，$S^2 = \dfrac{1}{n-1} \sum\limits_{i=1}^{n} (X_i - E_x)^2$。 （6-5）

6.2.3 云发生器

云的生成算法既可以用软件的方式实现，又可以固化成硬件实现，称为云发生器。常用的云发生器是正态云发生器，又分为正向云发生器和逆向云发生器。

正向云发生器是从定性概念到定量表示的映射，根据云的数字特征产生云滴，每个云滴都是该概念的一次具体实现，具体实现方法如下：

（1）生成以 E_n 为期望，以 H_e 为方差的正态随机数 Enn；

（2）生成以 $E_{(x)}$ 为期望，以 Enn 为方差的正态随机数 x_i；

（3）计算确定度。

$$\mu = e^{-\left[\dfrac{(x-E_x)^2}{2E_n^2}\right]} = y_i$$ （6-6）

（4）确定一个以 (x_i, y_i) 为坐标的云滴；

（5）重复上述四个步骤直到得到足够数量的云滴。

逆向云发生器是从实现定量值到定性概念的转换的模型,它可以将一定数量的精确数据转换为以三个数字特征表示的定性概念。逆向云发生器的实现过程不再描述,计算方法上文已提及。

6.2.4 售电公司信用度风险分析模型

基于上述基本知识的介绍,提出售电公司信用度风险分析模型,具体实现过程如下:

1. 指标权重分析

邀请五位相关专家对属于同一上层指标的同层次不同指标进行两两比较,得到直觉模糊判断矩阵,以直觉模糊集的距离测度为基础,得到直觉模糊判断矩阵的一致性的检验公式:

$$d\left(\bar{R},R\right)=\frac{1}{2(n-1)(n-2)}\sum_{i=1}^{n}\sum_{j=1}^{n}\left(\left|\bar{\mu}_{ij}-\mu_{ij}\right|+\left|\bar{\upsilon}_{ij}-\upsilon_{ij}\right|+\left|\bar{\pi}_{ij}-\pi_{ij}\right|\right) \quad (6-7)$$

其中,$R=\left(r_{ij}\right)_{n\times n}$ 是直觉模糊判断矩阵,$\bar{R}=\left(\bar{r}_{ij}\right)_{n\times n}$ 是由直觉模糊判断矩阵计算得到的直觉模糊一致性判断矩阵,构造方法为

当 $j>i+1$ 时,令 $\bar{R}=\left(\bar{\mu}_{ij},\bar{\upsilon}_{ij}\right)$,即:

$$\bar{\mu}_{ij}=\frac{\sqrt[j-i-1]{\prod_{t=i+1}^{j-1}\mu_{it}\mu_{tj}}}{\sqrt[j-i-1]{\prod_{t=i+1}^{j-1}\mu_{it}\mu_{tj}}+\sqrt[j-i-1]{\prod_{t=i+1}^{j-1}(1-\mu_{it})(1-\mu_{tj})}} \quad (6-8)$$

$$\bar{\upsilon}_{ij}=\frac{\sqrt[j-i-1]{\prod_{t=i+1}^{j-1}\upsilon_{it}\upsilon_{tj}}}{\sqrt[j-i-1]{\prod_{t=i+1}^{j-1}\upsilon_{it}\upsilon_{tj}}+\sqrt[j-i-1]{\prod_{t=i+1}^{j-1}(1-\upsilon_{it})(1-\upsilon_{tj})}} \quad (6-9)$$

当 $j=i+1$ 或 $j=i$ 时,令 $\bar{r}_{ij}=r_{ij}$;

当 $j<i+1$ 时,令 $\bar{r}_{ij}=\left(\bar{\upsilon}_{ij},\bar{\mu}_{ij}\right)$。

经过上述三个步骤的计算后,将结果代入式(6-7)进行一致性检验,若满足以下条件,则认为直觉判断矩阵 R 的一致性是可以通过的:

$$d\left(\bar{R},R\right)<\tau, \quad (6-10)$$

其中 τ 称为一致性指标的阈值，一般取 $\tau=0.1$。

若 $d\left(\bar{R},R\right)\geq \tau$，则未通过一致性检验，需要进行参数 σ 的设置来迭代，通过调节 σ 的不同值来改变直觉模糊判断矩阵的一致性，直到通过一致性检验。参数 σ 的调整过程如下：

设置参数 p，其中 $p\in[0,1]$，令：

$$\bar{\mu}_{ij}=\frac{\left(\mu_{ij}\right)^{1-p}\left(\bar{\mu}_{ij}\right)^{p}}{\left(\mu_{ij}\right)^{1-p}\left(\bar{\mu}_{ij}\right)^{p}+\left(1-\mu_{ij}\right)^{1-p}\left(1-\bar{\mu}_{ij}\right)^{p}}, i,j=1,2,\cdots,n \quad (6\text{-}11)$$

$$\bar{\upsilon}_{ij}=\frac{\left(\upsilon_{ij}\right)^{1-p}\left(\bar{\upsilon}_{ij}\right)^{p}}{\left(\upsilon_{ij}\right)^{1-p}\left(\bar{\upsilon}_{ij}\right)^{p}+\left(1-\upsilon_{ij}\right)^{1-p}\left(1-\bar{\upsilon}_{ij}\right)^{p}}, i,j=1,2,\cdots,n \quad (6\text{-}12)$$

通过上述计算，得到转换后的直觉模糊一致性判断矩阵 $\bar{R}=\left(\bar{r}_{ij}\right)_{n\times n}$，其中 $\bar{r}_{ij}=\left(\bar{\mu}_{ij},\bar{\upsilon}_{ij}\right)$，得此判断矩阵后，同样带入公式进行一致性检验，直到最后通过一致性检验。

$$d\left(\bar{R},R\right)=\frac{1}{2(n-1)(n-2)}\sum_{i=1}^{n}\sum_{j=1}^{n}\left(\left|\bar{\mu}_{ij}-\mu_{ij}\right|+\left|\bar{\upsilon}_{ij}-\upsilon_{ij}\right|+\left|\bar{\pi}_{ij}-\pi_{ij}\right|\right) \quad (6\text{-}13)$$

通过上述计算得到通过一致性检验的直觉模糊判断矩阵，运用公式（6-14）计算同层各指标相对于同一上层指标的直觉模糊权重：

$$\omega_{i}=(\mu_{i},\upsilon_{i})=\left(\frac{\sum_{j=1}^{n}\mu_{ij}}{\sum_{i=1}^{n}\sum_{j=1}^{n}\left(1-\upsilon_{ij}\right)},1-\frac{\sum_{j=1}^{n}\left(1-\mu_{ij}\right)}{\sum_{i=1}^{n}\sum_{j=1}^{n}\upsilon_{ij}}\right), i=1,2,\cdots,n \quad (6\text{-}14)$$

根据公式计算属于同一上层指标的各指标的得分权重：

$$G_{i}=\frac{1-\upsilon_{i}}{1+\pi_{i}}, i=1,2,\cdots,n \quad (6\text{-}15)$$

其中，$\pi_{i}=1-\mu_{i}-\upsilon_{i}$。

归一化处理得到每个指标相对于上一层指标的权重：

$$\lambda_{i}=\frac{G_{i}}{\sum_{i=1}^{n}G_{i}} \quad (6\text{-}16)$$

2. 信用度风险云模型标度

按照 2019 年国家能源局发布的《能源行业市场主体信用评价工作管理办法（试行）》的通知，售电公司信用风险等级可以划分为：AAA、AA、A、B、C 五个等级，定义 AAA 表示信用度风险极低，AA 表示信用度风险低，A 表示信用度风险一般，B 表示信用度风险略高，C 表示信用度风险高。考虑黄金分割法将 [0，100] 的得分区间划分为五个等级（表 6-4）。

表 6-4 [0，100] 得分区间划分

等 级	区 间 分 数	标准正态云模型
AAA 级	[0，15]	(0，10.4，1.31)
AA 级	[15，25]	(20，6.4，0.81)
A 级	[25，35]	(30，3.9，0.5)
B 级	[35，50]	(40，6.4，0.81)
C 级	[50，100]	(100，10.4，1.31)

通过划分的云模型标尺，实现定性向定量的转换，可以得出售电公司信用度风险等级（图 6-2）。

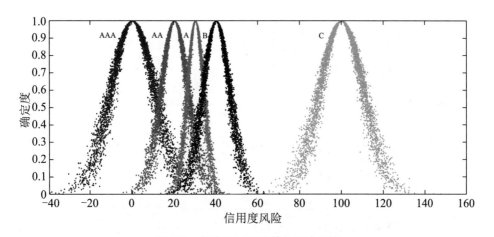

图 6-2 售电公司风险等级综合云图

3. 信用度风险等级划分

按照上文建立的指标体系，邀请五位专家根据中电联信用办 2019 年印发的《关于新能源企业、售电公司、电力施工企业、电力监理企业、电力调试（承试）企业信用评价评分细则（试行）的通知》，对 20 个三级指标按比例进行打分，根据式（6-9）—式（6-12）计算 20 个三级指标的三个云模型数字特征：E'_{xi}，E'_{ni}，H'_{ei}，则二级指标的云模型数字特征可以由下述公式得到

$$E_{xBj} = \frac{\sum_{i=1}^{n} \lambda_i' E_{xi}'}{\sum_{i=1}^{n} \lambda_i'} \quad (6\text{-}17)$$

$$E_{nBj} = \frac{\sum_{i=1}^{n} \lambda_i'^2 E_{ni}'}{\sum_{i=1}^{n} \lambda_i'^2} \quad (6\text{-}18)$$

$$H_{eBj} = \frac{\sum_{i=1}^{n} \lambda_i'^2 H_{ei}'}{\sum_{i=1}^{n} \lambda_i'^2} \quad (6\text{-}19)$$

其中 λ_i' 为各指标权重，$i=1,2,\cdots,20$；$j=1,2,\cdots,9$。

通过计算得到一级指标的云模型数字特征，最后得到售电公司最终的数字特征，运用 matlab 软件进行云图绘制，通过与云模型标度中的期望值进行对比，得到每个售电公司的信用度风险等级。

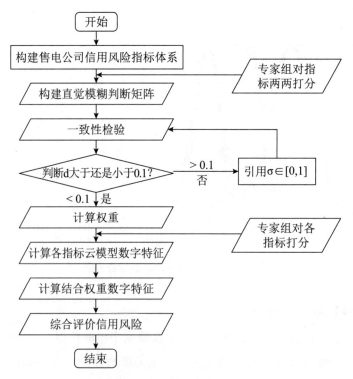

图 6-3 售电公司信用度风险分析流程

6.3 应用分析

6.3.1 基于直觉模糊层次分析法的指标权重分析

本章从五种类别的售电公司中各自挑选一家售电公司 A、B、C、D、E 作为研究对象。邀请五位业内专家对同一上层指标的各同级指标进行两两比较打分，如表 6-5 至表 6-8；经过式（6-7）至式（6-9）得到各级指标未经过一致性检验的直觉模糊一致性判断矩阵：

$$\bar{R}_A = \begin{bmatrix} (0.5000,0.5000) & (0.3900,0.4600) & (0.3618,0.4010) \\ (0.4600,0.3900) & (0.5000,0.5000) & (0.4700,0.4400) \\ (0.4010,0.3818) & (0.4400,0.4700) & (0.5000,0.5000) \end{bmatrix}$$

表 6-5 第一层指标直觉偏好关系

(0.5, 0.5)	(0.39, 0.46)	(0.45, 0.49)
(0.46, 0.39)	(0.5, 0.5)	(0.47, 0.44)
(0.49, 0.45)	(0.44, 0.47)	(0.5, 0.5)

表 6-6 一级指标下的直觉偏好关系

(0.5, 0.5)	(0.48, 0.44)
(0.44, 0.48)	(0.5, 0.5)

表 6-7 一级指标下的直觉偏好关系

(0.5, 0.5)	(0.43, 0.48)	(0.42, 0.49)
(0.48, 0.43)	(0.5, 0.5)	(0.5, 0.42)
(0.49, 0.42)	(0.42, 0.5)	(0.5, 0.5)

表 6-8 一级指标下的直觉偏好关系

(0.5, 0.5)	(0.29, 0.63)	(0.56, 0.3)
(0.63, 0.29)	(0.5, 0.5)	(0.59, 0.31)
(0.3, 0.56)	(0.31, 0.59)	(0.5, 0.5)

计算 R_A 和 $\bar{R}_A$ 的距离，得到 $d(\bar{R}_A, R_A) = 0.1772 > 0.1$，未通过一致性检验，设置

参数，令 $p=0.5$，通过式（6-11）—（6-12）进行调整，得到

$$\tilde{R}_A = \begin{bmatrix} (0.5000, 0.5000) & (0.3900, 0.4600) & (0.4051, 0.4450) \\ (0.4600, 0.3900) & (0.5000, 0.5000) & (0.4700, 0.4400) \\ (0.4450, 0.4051) & (0.4400, 0.4700) & (0.5000, 0.5000) \end{bmatrix}$$

调整后 $d(\tilde{R}_A, R_A) = 0.0898 < 0.1$，矩阵 $\tilde{R}_A$ 通过一致性检验。将 $\tilde{R}_A$ 代入式（6-14），得到A1的直觉模糊权重 $\omega_{A1} = (0.2649, 0.5852)$；同样可以得到 $\omega_{B1} = (0.4712, 0.4688)$，$\omega_{B2} = (0.4519, 0.4479)$；$\omega_{C1} = (0.3223, 0.6538)$，$\omega_{C2} = (0.3099, 0.6394)$，$\omega_{C3} = (0.2273, 0.5433)$。

进一步，通过式（6-15）计算得到各指标得分权重：$G_{A1} = 0.3607$；$G_{B1} = 0.5011$，$G_{B2} = 0.5018$；$G_{C1} = 0.3381$，$G_{C2} = 0.3432$，$G_{C3} = 0.3715$。

经过归一化处理后，得到各指标最后权重：$\lambda_{A1} = 0.3386$；$\lambda_{B1} = 0.4996$，$\lambda_{B2} = 0.5003$，$\lambda_{C1} = 0.3211$，$\lambda_{C2} = 0.3260$，$\lambda_{C2} = 0.3529$。

同理可以得出其他指标的权重（表6-9）。

表6-9 权重

一级指标	二级指标	三级指标
0.3386	0.4996	0.3211
		0.3259
		0.3529
	0.5004	0.4986
		0.5014
0.3291	0.3379	0.4973
		0.5027
	0.3285	0.3226
		0.3541
		0.3233
	0.3337	0.4959
		0.5041
0.3324	0.3439	0.5001
		0.4999
	0.3071	0.2319
		0.2435
		0.2699
		0.2551
	0.3489	0.4245
		0.5755

6.3.2 基于云模型的售电公司得分分析

同样，五位专家分别对五个售电公司的 20 个三级指标进行打分，根据计算可以得到 A 公司：$Ex_{c4}=6$，$Ex_{c5}=34$；$En_{c4}=3.008$，$En_{c5}=2.0053$；$He_{c4}=1.2441$，$He_{c5}=0.9893$；经过式（6-15）-（6-17）计算：$Ex_{B2}=20.0389$；$En_{B2}=2.5039$；$He_{B2}=1.1160$；$Ex_{A1}=20.0195$，$En_{A1}=1.2537$，$He_{A1}=0.5588$。

五个公司最后的信用度风险得分是：A（14.8666，2.5820，1.1180）；B（20.6473，2.7788，1.2770）；C（24.8023，3.2547，1.5713）；D（24.2357，3.1563，0.8608）；E（26.9706，3.2934，0.9623）。云模型图如图 6-4 所示。

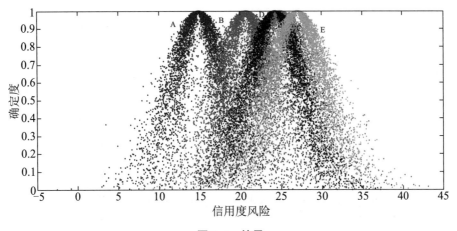

图 6-4 结果

对比五个公司的最终结果，A（电网资产型）公司风险得分最低，属于 AAA 风险极低这个等级；D（独立售电）公司风险得分最高，属于 A 风险一般这个等级；其余三个售电公司属于 AA 风险低这个等级。通过熵和超熵可以看出：E（独立售电）公司的熵最大，表明其指标值分布最离散；C（增量配网型）公司超熵最大，表明其指标值受各种干扰的偏离程度在五个公司中最大，符合增量配网型售电公司在电力市场的取得供电营业许可证有难度、兜底服务不完善等特点，具体见表 6-10。

表 6-10 A 公司得分

一级指标	二级指标	三级指标
(20.0195，1.2537，0.5588)	(20，0，0)	(20，0，0)
		(20，0，0)
		(20，0，0)
	(20.0389，2.5039，.116)	(6，3.008，1.2441)
		(34，2.0053，0.9893)

续表

一级指标	二级指标	三级指标
(4.6721, 3.5343, 1.5132)	(4.4972, 3.2504, 1.8486)	(5, 4.0106, 1.1896)
		(4, 2.5066, 2.4934)
	(5.0308, 4.1064, 1.6920)	(5, 2.5066, 2.4934)
		(6, .5146, 1.4455)
		(4, 4.0106, 1.1896)
	(4.4959, 3.2710, 1.8308)	(5, 2.5066, 2.4934)
		(4, 4.0106, 1.1896)
(19.7115, 3.0265, 1.3109)	(4.4996, 2.2561, 1.7418)	(3, 2.5066, 2.4934)
		(6, 2.0053, 0.9893)
	(22.1344, 3.1789, 0.9548)	(16, 2.0053, 0.9893)
		(35, 4.5110, 0.5979)
		(32, 4.0106, 1.1896)
		(5, 2.0053, 0.9893)
	(32.5755, 3.6573, 1.1679)	(32, 3.008, 1.2441)
		(33, 4.0106, 1.1896)

6.3.3 与层次分析—云模型法的比较分析

基于相同的信息采集,用层次分析—云模型对五个公司进行了分析比较,具体结果见表 6-11。

表 6-11 直觉模糊—云模型与层次分析—云模型结果比较

	直觉模糊—云模型	层次分析—云模型
A	(14.8666, 2.5820, 1.1180)	(14.9586, 2.2305, 1.2320)
B	(20.6472, 2.7788, 1.2770)	(22.0498, 2.5969, 1.4795)
C	(24.8023, 3.2547, 1.5713)	(24.3982, 4.5820, 1.5192)
D	(24.2357, 3.1563, 0.8608)	(23.9808, 3.9183, 1.4291)
E	(26, 9706, 3.2934, 0.9623)	(25.8973, 3.8364, 1.3029)

从表 6-10 可知,直觉模糊—云模型与层次分析—云模型得出的五个公司的排名是一致的,但层次分析—云模型得到的结果没有直觉模糊—云模型的清晰直观,并且直觉模糊—云模型的得分更加客观,在判断矩阵未通过一致性检验时,不必再邀请专家重新打分,更加快速有效。

即测即练题

案例讨论 >>>

美国安然公司由美国休斯敦天然气公司和北方内陆天然气公司合并而成，在2000年世界500强中位列16。安然公司的倒闭是一个引人注目的信用违约事件，部分原因是它从一个可接受的交易对手迅速转变为违约方，另外还有公司倒闭背后的原因。它的消亡对其贸易伙伴产生了什么影响？由于围绕这一事件的大量宣传，许多公司公开了他们的风险敞口和潜在损失（在任何恢复之前）。违约对能源交易（石油、天然气、煤炭和电力交易，安然是其中的主要参与者）的影响可能会严重影响市场。

安然公司的危机主要是公司做假账，从1997年以来虚报盈利6亿美元，债券评为垃圾债券，再加上债券的附加条款，最后导致债券暴跌、股票退市，造成多家关联公司损失、合作公司的电信世通倒闭。

案例讨论

第 7 章

用户行为风险

学习目标 >>>

1. 了解售电公司为什么要对客户类别进行划分,设置差异化用电套餐;
2. 了解电力客户评价体系的原则与指标体系;
3. 学会处理电力客户评价指标;
4. 学会根据用户类别的划分设置差异化用电套餐。

引导案例 >>>

国网白山供电公司发挥数字化优势提升用户满意度

国网白山供电公司深挖数字化能力开放平台资源,依托电力大数据、移动作业终端、网上国网等智能化手段,在黑沟村、旱沟村、旺达小区等地打造数字化供电服务"移动营业厅",通过采集用户电量、电费及缴费习惯等电力大数据,做好用电需求细分,精准用户行为画像,分析各村屯用户年龄结构和用电习惯,选取留守老人较多区域增设移动营业厅,制定电保姆专项服务,开展用电办理、电费缴纳、用电咨询等便民服务,转变传统客户上门办电为送服务上门办理,"一站式"解决用户全部用电需求,推动数字化建设成果转化为客户获得感,移动营业厅运行以来现场办电 4 户,缴纳电费 57 户,上门打印发票 76 张,协助用户解决家中用电故障 17 项,得到村民一致好评。

下一步,白山供电公司将持续推广数字化能力开放平台应用,进

扩展阅读7.1

售电公司如何做好售电服务?

一步发挥平台优势和电力大数据价值，应用数字化技术做强供电服务"最后一公里"。

7.1 电力用户类别划分与差异化用电套餐

电力用户是售电侧放开后售电公司参与电力市场的重要依托，售电公司代理的用户市场越大，能够创造的价值就越大。传统的电力营销管理模式已经无法满足电力市场发展中日益增长的用户需求，尤其是在当下各行业"客（用）户服务至上"为核心的服务宗旨影响下，无论是售电公司还是电力公司，都应当及时转变观念，一改传统管理模式为服务化管理模式。

长期以来，电力公司在用户服务方面根据用户对用电可靠性的要求以及用户的社会特征，将用户划分为多种类型，或者根据用户用电量大小，将用户分为大客户、中客户和小客户等。然而传统的用户分类服务模式过分偏重用户的社会价值，却忽视了用户的经济价值。售电公司选择怎样的用户直接关系到售电公司的收益和风险，进而影响到电力市场的健康有序发展。随着电力体制改革的不断深入，售电市场的建设不断完善，售电市场中的红利也在不断增长，必然吸引越来越多的社会主体参与电力市场，售电公司数量还会进一步增加，售电公司在用户市场上的竞争会越来越激烈。一般而言，对于售电公司，在用户市场上的竞争力提升至少需要做好以下两个方面的准备：第一，如何对用户进行科学合理的划分；第二，对不同类别用户应提供怎样的套餐才能吸引用户。

7.1.1 用户类别划分

对于电力用户而言，由于所处行业不同以及用电习惯等的差异，可以根据电力用户的用电特征对其进行类别划分。常用的特征指标包括：用电量、用电量增速、用电均价等，然而这些指标并不能很好地反映用户特征。这些指标代表用户的特征过于单一，售电公司在选择电力用户时不能仅仅从这些特征来分析用户，还需要建立更为完善的评估指标体系，并采用科学合理的评估模型，对电力用户进行划分。

7.1.2 差异化用电套餐

在对用户划分不同类别后，售电公司可以有针对性地制定各种用电套餐，结合用户用电习惯，为各类用户提供多种套餐选择，在实现双方共赢的基础上，不断给予用户更多优惠,从而吸引更多用户,提高用户市场竞争力,为售电公司在批发市场上提供更多支撑,进而反馈给代理用户更多收益,实现良性循环。

本章将从以上两个方面对电力用户评估模型进行构建,并对评估结果进行再处理,通过从收益和风险两个角度对电力用户进行类别划分,采用"四象限"管理学理论,将用户划分为四类,并为每一类用户进行特征说明和定义,制定相对应的用电套餐,为售电公司选择优质用户提供理论支撑。

7.2 电力用户评估指标体系及评估模型

7.2.1 构建原则

售电公司在选择电力用户时,需要参考的影响因素很多。售电公司通过德尔菲法向相关电力营销人员进行咨询后,整理专家意见,获得电力用户评估指标体系的雏形,并结合指标体系设计原则,从而为构建完整的电力用户评估指标体系奠定基础。指标是反映系统要素或现象的数量概念和具体数值,它包括指标名称和指标数值两部分。电力用户评估系统是一个非线性的复杂系统,需要由多个具有内在联系的指标按照一定的结构层次组合在一起构成指标体系,但是电力用户评估体系又有其自身的特点,需要遵循一些原则,具体如下所示。

1. 全面性原则

由于售电公司在选择电力用户时,需要考虑的因素很多,因此在构建电力用户评估指标体系时,应当涵盖这些因素,主要包括用户带来的收益、用户可能产生的风险等。

2. 层次性原则

电力用户评估体系是一个复杂的系统,系统性需要考虑到层次性,即指标的组合应具有一定的层次结构。

3. 独立性原则

指标之间应当具有一定的内在联系,并且尽可能去除信息上的相关和重叠,即不同层级的指标间具有较强的相关关系,而同一层级的指标间信息不重复。

4. 功能性原则

根据研究的目的,指标的功能大致可以归纳为:描述功能、解释功能、评价功能、监测功能、预警功能和决策功能、改进功能、提升功能。这里用的指标功能主要是指评价功能,即指标体系可以说明各个主体行为的差距,以便于进行比较。

5. 可操作性原则

可操作性原则主要指资料的可获得性。指标体系的建立要考虑到指标的可量化性及相关数据的可获得性和可靠性、简明性。

6. 差异性原则

电力用户评估体系应考虑到区域经济水平、社会环境等差异性,不同区域用户特点不同、用户需求也是参差不齐,同时各区域电网的组织结构也各具特点,构建时要充分了解用户所处行业的特殊性。

7. 发展性原则

指标体系的构建是为了更好地对当前电力用户进行评估。对于指标体系的构建应当遵循发展性原则,在不同发展时期,都应考虑用户用电需求的发展以及用户资产规模的变化等,且需要对指标体系进行修缮。

7.2.2 指标体系

售电公司在对电力用户进行评估时,主要考虑两个方面:收益和风险。通过选择合适的电力用户,增加售电公司的售电收益,并不断降低企业运营风险,从而达到抢占优质用户群的目的。本章从售电公司最为关心的经济性角度出发,将电力用户评估指标体系划分为2个一级指标和4个二级指标,并筛选了15个三级指标,具体如表7-1所示。

表7-1 电力用户评估指标体系

	一级指标	二级指标	三级指标	指标类型
电力用户评估指标体系	收益 A	当前价值 A_1	年用电量 A_{11}	定量
			平均电价 A_{12}	定量
			负荷率 A_{13}	定量
			峰段用电量占比 A_{14}	定量
			电费占比 A_{15}	定量

续表

一级指标	二级指标	三级指标	指标类型
电力用户评估指标体系			
收益 A	潜在价值 A_2	用电趋势 A_{21}	定性
		合作基础 A_{22}	定性
		增值服务 A_{23}	定量
		多联供需求 A_{24}	定量
风险 B	企业环境 B_1	企业性质 B_{11}	定性
		所属行业 B_{12}	定性
		高耗能情况 B_{13}	定量
	用户信用 B_2	违约用电次数 B_{21}	定量
		年均欠费率 B_{22}	定量
		合同履约率 B_{23}	定量

1. 收益

收益主要包括两个方面：电力用户的当前价值和潜在价值，其中，当前价值主要可以从年用电量、平均电价、负荷率、峰段用电量占比和电费占比五个指标反映；潜在价值主要从用电趋势、合作基础、增值服务和多联供需求四个指标反映，具体指标定义如下：

1）年用电量

年用电量是指电力用户最近一年的用电量。该指标是反映电力用户价值的重要指标，在对该指标进行评分时，采用梯度评分制，并设定相对应的分值。

2）平均电价

平均电价是指电力用户全部用电费用与全部电量之比。该项指标能够反映电力用户能够带来的单位收益，该项指标评分同样采用梯度评分制，设定相对应的分值。

3）负荷率

负荷率是指电力用户用电的平均负荷与最高负荷之比。该项指标能够反映电力用户用电的平稳性，该项指标越大，说明电力用户的用电负荷越容易预测。

4）峰段用电量占比

峰段用电量占比是指电力用户在用电高峰时段的电量占总用电量的比值。该项指标能够反映电力用户用电的特征，峰段用电量占比越大，更利于实施需求响应管理，降低峰段总负荷的空间就越大。

5）电费占比

电费占比是指电力用户年用电费用占生产或者经营成本的比值。该项指标反映的是电力用户类型特点，该值越大表明电力用户对电费的敏感性越大，在通过价格机制来改变电力用户用电习惯时，能够取得更好的效果。

6）用电趋势

用电趋势是指电力用户最近三年的用电增长情况，以三年的平均年增长率来表示。该项指标能够反映电力用户的用电量变化趋势，当该项指标越大时，表明电力用户处于用电增长期，对电量的需求是增长的，应当重点关注。

7）合作基础

合作基础是指电力用户是否和售电公司有过合作。该项指标能够反映电力用户的可接受程度，如果有过合作基础，则电力用户更容易与售电公司合作，属于优质电力用户的可能性更大。

8）增值服务

增值服务是指电力用户是否存在增值服务方面的需求。该项指标能够反映电力用户的用能特征，增值服务需求越高，说明电力用户的用能水平较高，属于优质电力用户的可能性也更大。

9）多联供需求

多联供需求是指电力用户是否存在水、气等其他能源的需求。该项指标反映电力用户的综合用能特征，便于售电公司通过提供多能互补电价套餐来吸引电力用户。

2. 风险

风险主要包括两个方面：企业环境和用户信用，其中，企业环境维度选择了三项指标，包括企业性质、所属行业和高耗能情况；用户信用维度选择了三项指标，包括违约用电次数、年均欠费率和合同履约率，具体指标定义如下：

1）企业性质

企业性质是指按照《中华人民共和国公司法》中对电力用户的分类。该项指标能够反映一定程度的电力用户用电风险，例如，国企和央企的售电风险较低。

2）所属行业

所属行业是指根据电力用户所在行业的经济增长情况判断电力用户所处的行业发展情况。所在行业经济增长率越高，则对其售电风险越低。

3）高耗能情况

高耗能情况是指根据电力用户所属产业情况判断电力用户是否属于高耗能产业，并结合国家扶持计划进行判断，例如，国家扶持的高新技术产业售电风险较低，面临淘汰的产业售电风险较高。

4）违约用电次数

违约用电次数是指电力用户在最近三年中的违约情况。该项指标能够反映电力用户的诚信问题,当该项指标值越大时,电力用户给售电公司带来的风险也就越大。

5)年均欠费率

年均欠费率是指电力用户未缴纳电费占应缴纳电费的比值。该项指标也能够反映电力用户的诚信问题,该项指标越大,售电公司资金流的风险越大。

6)合同履约率

合同履约率是指电力用户在以往签订的电力合同中的履约情况。该项指标反映电力用户的诚信问题,该项指标越大,说明用户诚信越好,给售电公司带来的风险越小。

7.2.3 数据处理

1. 指标同向处理

由于电力用户评价指标数据类型复杂,且不同指标存在目标不统一的问题,需要对其进行标准化计算。

1)正向指标

对于正向指标(指标值越大越好,例如,利润、净资产收益率等),首先应根据各指标的实际历史数据确定一个下限 $x^{\min}$(历史最小值);然后在未来可预见一段时间内,确定一个期望达到的最大值作为上限 $x^{\max}$(限于目前计划数据可得性的原因,在这里采用历史最大值,下同)。

指标标准化公式为

$$y = \frac{x - x^{\min}}{x^{\max} - x^{\min}} \tag{7-1}$$

2)逆向指标

对于逆向指标(指标越小越好,例如,人均输配电成本等),首先应根据各指标的实际历史数据确定一个上限 $x^{\max}$(历史最大值);然后在未来可预见一段时间内,确定一个期望达到的最小值作为下限 $x^{\min}$。

指标标准化公式为

$$y = \frac{x^{\max} - x}{x^{\max} - x^{\min}} \tag{7-2}$$

3)适度指标

对于适度指标(指标越接近某一临界值越好,例如,资产负债率等),首先应根据各指标的实际历史数据确定上下限 $x^{\max}$、$x^{\min}$,然后在未来可预见一段时间内,确定一个期望达到的适度值 x^{mid}。

对于适度指标，首先按照公式

$$x^{'} = \left| x - x^{\mathrm{mid}} \right| \tag{7-3}$$

将指标转化为逆向指标，然后按逆向指标进行处理。

7.2.4 赋权模型

1. 基本ELECTRE-Ⅲ法分析

ELECTRE法是由法国人罗伊（Roy）在1971年提出的一种综合评价方法。ELECTRE法通过所构建的一种较弱的次序关系，试图对可行方案进行排序。ELECTRE法所构建的较弱的次序关系称之为"级别高于关系"，具体定义如下：

给定方案集X，$x_i, x_k \in X$，给定决策人的偏好次序和属性矩阵$\{y_{ij}\}$，当人们有理由相信$x_i \geq x_k$，则称x_i的级别高于x_k，记为$x_i o x_k$。

与级别高于关系相对应的是"级别无差异"，定义如下：

给定方案集X，$x_i, x_k \in X$，当且仅当X中存在$U_1, U_2, \cdots, U_r$；$V_1, V_2, \cdots, V_s$；$r \geq 1$，$s \geq 1$，使$x_i o x_k$（或者$x_i o U_1, U_1 o U_2, \cdots, U_r o U_k$）且$x_k o x_i$（或者$x_k o V_i, V_1 o V_2, \cdots, V_s o V_i$），则称$x_i$与$x_k$级别无差异，记为$x_i I_r x_k$。

随着研究的深入，ELECTRE法的发展有三种，包括ELECTRE-Ⅰ、ELECTRE-Ⅱ、ELECTRE-Ⅲ，每一次改进都是对前一种方法的完善。然而ELECTRE-Ⅲ法同样存在一定的局限性和不足之处，主要包括：

（1）评价指标权重的设置过于主观，完全取决于决策者的偏好，会导致评价结果受决策者的影响偏大，得到的结论不够科学合理。而且，随着大数据时代的到来，数据的价值越来越高，应当充分利用数据价值，过去完全靠决策者意愿定权重的方式是对数据价值的浪费，需要重新对评价指标权重设计。

（2）该算法中的门槛值设计也是根据决策者的偏好。门槛值直接影响和谐性指数和不和谐性指数的区间范围，进而影响级别高于关系，间接对综合评价结果构成影响。在常规的门槛值基础上，一定范围内调整门槛值，对比结果值，需要根据结论对门槛值进行设计。

（3）该算法的对象主要是针对截面数据，没有考虑时间序列，电网效益的评价不仅需要参考当年的参数情况，还需要考虑当年的发展情况，这里主要是指发展的均衡性情况。在常规评价基础上，考虑到各指标的发展均衡性，需要重新进行综合评价，或者对评价结果进行调整。

针对（1）中的不足之处，本章通过对基本权重进行修正，根据数据特征确定客观性权重,得到综合权重,从而提高评价结果的科学性和客观性;针对(2)中的局限性,本章对门槛值进行敏感性分析,从而提高评价结果的稳定性;针对(3)中的不足之处,本章通过将各指标的发展速率转化为影响因子,对评价结果进行调整,从而提高评价结果的可靠性和可比性。同时,在ELECTRE-Ⅲ算法的基础上,对评价对象的综合评价结果进行了计算,并对比基本权重和综合权重的评价结果,从而体现出综合权重的优点和合理性。

2. 改进ELECTRE-Ⅲ模型的构建

假定存在 m 个评价对象,评价指标有 n 个,构成原始数据矩阵 X,x_{ij} 表示第 i 个评价对象的第 j 个指标的数据。

$$X = \begin{bmatrix} x_{11} & x_{12} & \cdots & x_{1n} \\ x_{21} & x_{22} & \cdots & x_{2n} \\ \cdots & \cdots & \cdots & \cdots \\ x_{m1} & x_{m2} & \cdots & x_{mn} \end{bmatrix} \tag{7-4}$$

1) 标准化处理函数

对原始数据矩阵进行标准化处理,对电网效益评价的指标中包括两类,效益类和成本类,需要采用不同的标准化处理函数,具体如下:

$$y_{ij} = \frac{x_{ij}}{\max_i x_{ij}} \quad (X_i \text{属于效益类}) \tag{7-5}$$

$$y_{ij} = \frac{\min_i x_{ij}}{x_{ij}} \quad (X_i \text{属于成本类}) \tag{7-6}$$

由此得到标准化数据矩阵 Y($Y = \{y_{ij}\}$)。

2) 权重设计模型

对于权重的设计,采用主客观相结合的方法,主观方法选择层次分析法,假设专家对指标进行打分,得到判断矩阵为 $\boldsymbol{R}_n$($\boldsymbol{R}_n = \{r_{ij}\}$)。

根据层次分析法的计算原理可以得到:

$$r_{ij} = \frac{1}{r_{ji}}, i = 1, 2, \cdots, n, j = 1, 2, \cdots, n \tag{7-7}$$

求判断矩阵 $\boldsymbol{R}_n$ 每一列的和,并根据计算结果求得判断矩阵的系数矩阵 $\boldsymbol{R}_n'$

$$\boldsymbol{R}_n' = \begin{bmatrix} a_{11} & a_{12} & \cdots & a_{1n} \\ a_{21} & a_{22} & \cdots & a_{2n} \\ \vdots & \vdots & & \vdots \\ a_{n1} & a_{n2} & \cdots & a_{nn} \end{bmatrix} \tag{7-8}$$

$$a_{ij} = \frac{r_{ij}}{\sum_{i=1}^{m} r_{ij}}, i=1,2,\cdots,n, j=1,2,\cdots,n \tag{7-9}$$

按照行对系数矩阵 R_n' 求和得到归一化前的权重向量 B。

$$B = (b_1, b_2, \cdots, b_n)^T \tag{7-10}$$

$$b_j = \sum_{i=1}^{n} a_{ij}, j=1,2,\cdots,n \tag{7-11}$$

对权重向量 B 进行归一化，得到这 m 个指标的基本权重向量 w。

$$w = (w_1, w_2, \cdots, w_n)^T \tag{7-12}$$

$$w_j = \frac{b_j}{\sum b_j}, j=1,2,\cdots,n \tag{7-13}$$

对权重向量进行一致性检验，根据原始判断矩阵 R_m 和确定的权重向量 w 计算过渡矩阵。

$$C = R_m \cdot w = (c_1, c_2, \cdots, c_m)^T \tag{7-14}$$

接着，计算检验系数矩阵 $K = (k_i)_{m \times 1}$。

$$k_i = \frac{c_i}{w_i}, i=1,2,\cdots,m \tag{7-15}$$

计算矩阵 K 的列平均值即为判断矩阵的最大特征根 $\lambda_{\max}$。

$$\lambda_{\max} = \frac{k_i}{\sum_{i=1}^{m} k_i} \tag{7-16}$$

根据 $CI = \frac{\lambda_{\max} - n}{n-1}$ 和 $CR = \frac{CI}{RI}$ 进行一致性检验，当 $CR < 0.1$ 时，认为判断矩阵的一致性是可以接受的；当 $CR > 0.1$ 时，应对判断矩阵作适当修正。

对于客观权重的确定，熵权法是一种很好的方法，但是，由于熵权法的算法不适用正向推导，本章根据熵权法的建模思想，即在分配权重时在不影响其他评价对象的评价结果的基础上，尽可能提高各评价对象的评价结果。由此构建比对矩阵 H，具体如下：

$$H = \begin{bmatrix} h_{11} & h_{12} & \cdots & h_{1n} \\ h_{21} & h_{22} & \cdots & h_{2n} \\ \cdots & \cdots & \cdots & \cdots \\ h_{m1} & h_{m2} & \cdots & h_{mn} \end{bmatrix} \tag{7-17}$$

其中，h_{ij} 表示所有指标 $X_j, j \in [1,n]$ 中不大于 x_{ij} 的指标个数。h_{ij} 值越大表示指标对评价结果的影响越大。

$$H_j = \sum_{i=1}^{m} h_{ij} \tag{7-18}$$

由此可以得到各指标的客观权重：

$$\theta_j = \frac{H_j}{\sum H_j} \tag{7-19}$$

结合基本权重 w_j，设定主客观权重的分配比例 α 和 $1-\alpha$，得到综合权重。

$$\lambda_j = \alpha w_j + (1-\alpha)\theta_j \tag{7-20}$$

3）和谐性指数与不和谐性指数

有序方案对 (I_i, I_k) 的和谐性指数 $c(I_i, I_k)$ 为

$$c(X_i, X_k) = \sum_{j=1}^{n} \lambda_j c_j(I_i, I_k) \Big/ \sum_{j=1}^{n} \lambda_j \tag{7-21}$$

$$c_j(I_i, I_k) = \begin{cases} 0, (y_{ij} - y_{kj} \leq q) \\ 1, (y_{ij} - y_{kj} \geq p) \\ \dfrac{y_{ij} - y_{kj} - q}{p - q}, (\text{其他}) \end{cases} \tag{7-22}$$

式中，$c_j(I_i, I_k)$ 为在属性 j 上，I_i 优于 I_k 的程度，$c(I_i, I_k)$ 为支持 I_i 级别高于 I_k 这一论断的程度；q 是方案间在属性上无差异的门槛值，为便于分析，这里对于不同的属性取相同的无差异门槛值；p 表示方案 I_i 的属性值 y_{ij} 严格优于方案 I_k 的属性值 y_{kj} 的门槛值；λ_j 表示综合权重。

不和谐性指数 $d_j(I_i, I_k)$ 为

$$d_j(I_i, I_k) = \begin{cases} 0, (y_{kj} - y_{ij} \leq -q) \\ 1, (y_{kj} - y_{ij} \geq v) \\ \dfrac{y_{kj} - y_{ij} + q}{v + q}, (\text{其他}) \end{cases} \tag{7-23}$$

式中，v 表示否决门槛值，即方案 I_i 的属性值 y_{ij} 低于方案 I_k 的属性值 y_{kj}，且达到或超过 v 时，不再承认方案 I_i 在总体上级别高于方案 I_k。

4）级别高于关系与方案次序

有序方案对 (I_i, I_k) 的赋值级别高于关系 $s(I_i, I_k)$ 定义为

$$s(I_i,I_k) = \begin{cases} c(I_i,I_k), (\forall j, d_j(I_i,I_k) \leq c(I_i,I_k)) \\ c(I_i,I_k) \prod_{j \in (I_i,I_k)} \dfrac{1-d_j(I_i,I_k)}{1-c(I_i,I_k)}, (其他) \end{cases} \quad (7-24)$$

式中，$j(I_i,I_k)$是所有$d_j(I_i,I_k) > c(I_i,I_k)$的属性的集合。$s(I_i,I_k)$表示对"$I_i$在总体上级别高于$I_k$"这一论断支持程度的测度。

通过以下三个步骤来确定各方案的次序关系：

步骤一：令$\varphi = \max s(I_i,I_k)$，再确定一个门槛值$\delta$；

步骤二：只考虑$s(I_i,I_k) \geq \varphi - \delta$的级别高于关系，在这些关系中根据流出$I_i$的有向弧的数量和与流入$I_i$的有向弧的数量之差$Q(I_i)$来衡量方案$I_i$的优劣，$Q(I_i)$最大的方案归入$D_1$；

步骤三：在D_1中只有一个方案，则用D_1的补集A/D_1取代A，重复步骤一和步骤二；在D_1中有多个方案，则在D_1中执行步骤一和步骤二，以区分各方案的优劣，然后用在D_1中的补集A/D_1取代A，重复步骤一和步骤二，直到所有方案的优先序全部排定为止。

5）综合评价模型

ELECTRE-Ⅲ构建的级别高于关系在结果中只将各方案进行了排序，而没有给出各方案的综合评价值，本章构建的评价模型在综合权重的基础上，结合数据矩阵，同时将指标发展均衡情况转化为影响因子，从而得出各方案的评价值。

发展均衡情况的衡量至少需要两年的数据，并计算出两年数据的变化速率，定义为z_{ij}。

$$z_{ij} = \frac{x_{ij} - x'_{ij}}{x'_{ij}} \quad (7-25)$$

式中，x'_{ij}表示第i个评价对象的第j个指标上一年的数据。计算各方案指标发展速率的标准差，计算公式如下：

$$\mu_i = \sqrt{\frac{\sum_{j=1}^{n}(z_{ij} - \overline{z_{ij}})^2}{n}} \quad (7-26)$$

式中，$\overline{z_{ij}}$表示均值。各方案的指标发展协调系数计算公式如下：

$$\pi_i = 1 - \frac{\mu_i}{\max \mu_i} \quad (7-27)$$

这里的π_i即发展协调系数，取值范围为0-1，越接近1表示该方案的指标发展协调性越好。各方案的综合评价结果计算公式为

$$U_i = \frac{1}{2}(\pi_i + 1)\sum_{j=1}^{n}\lambda_j y_{ij} \qquad (7\text{-}28)$$

7.3 基于用户特征的差异化用电套餐设计

7.3.1 用户类别划分

用户类别划分是根据用户的用电特征,结合电力用户评估指标体系和评估模型,采用"四象限"理论对用户进行归类。考虑到用户特征主要分为正向收益和逆向风险两个方面,设计电力客户价值函数,计算公式如下:

$$f_i = \frac{U_{Ai}}{100 - U_{Bi}} \qquad (7\text{-}29)$$

式中,f_i 表示电力客户 i 的价值,U_{Ai} 表示电力客户 i 的正向收益评估值,U_{Bi} 表示电力客户 i 的逆向风险评估值。

考虑到逆向风险评估指标在计算时已经进行了标准化处理,风险评估值结果与实际风险是成反比关系,即实际风险越小,风险评估值越大。在电力用户价值函数中,当收益不变,风险越小时,则风险评估值 U_{Bi} 越大,则分母越小,用户价值越大;当风险不变,收益越大,则收益评估值 U_{Ai} 越大,则分子越大,用户价值越大。

为了便于分析和类别划分,设定电力用户价值高的最低值 f_s,以及收益高的最低值 U_{As},将电力用户的评估值与标准值做差,计算价值维度和收益维度的象限值,如图 7-1 所示。

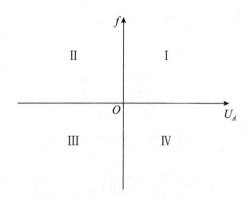

图 7-1 电力用户价值与收益分布

图中的原点 o 是指电力用户价值标准值和收益标准值对应点，纵坐标表示电力用户价值与标准值的差 $f = f_i - f_s$，横坐标表示电力用户收益与标准值的差 $U_A = U_{Ai} - U_{As}$，根据用户评估结果落在哪个象限区间对用户进行归类。

1. 第 I 象限

在该象限，$f > 0, U_A > 0$，说明电力用户价值高于标准值，收益也高于标准值，根据用户价值计算函数可知，在该区间类的用户特征是收益高，风险低。对于该类用户，可以定义为最优级用户，在制定用户用电套餐时针对性地提出具有明显优惠的用电套餐，尽可能多地拿到这类用户的购电代理权。

2. 第 II 象限

在该象限，$f > 0, U_A < 0$，说明电力用户价值高于标准值，但是收益低于标准值，根据用户价值计算函数可知，在该区间类的用户特征是收益低，风险低。对于这类电力用客户，定义为普通用户。该类用户占比较大，也是售电公司之间竞争的重点之一，尽可能多的拥有该类用户，能够提高市场占有率，提高售电公司在批发市场的购电弹性。

3. 第 III 象限

在该象限，$f < 0, U_A < 0$，说明电力用户价值低于标准值，收益也低于标准值，结合用户价值计算函数可知，在该区间类的用户特征是收益低，风险高。对于这类电力用户，定义为次级用户。该类用户对售电公司获利的影响较小，应当作为售电公司避免的一部分用户，但是售电公司可以通过制定合理的代理合同，降低风险，在其他售电公司竞争力小的前提下更容易拿到这部分用户的代理权。

4. 第 IV 象限

在该象限，$f < 0, U_A > 0$，说明电力用户价值低于标准值，但是收益高于标准值，结合用户价值计算函数可知，在该区间的用户特征是收益高，风险高。对于这类电力用户，定义为高级用户。一般来说，该类用户市场占比也比较大，同样是售电公司竞争的重点，但是需要售电公司制定合理的代理合同。针对高级用户，在保证收益的前提下，尽可能降低风险，从而提高售电公司的收益预期。

综上所述，通过"四象限"理论将电力用户划分为了四类：最优级用户、高级用户、普通用户和次级用户，每一类用户都有着不同的价值特点，需要售电公司采取相对应的售电策略，争取拿下多的用户代理权，在提高收益的同时，降低购售电风险，从而不断提升售电市场竞争力。

7.3.2 差异化用电套餐

根据用户类别划分结果,电力用户可以划分为四类,每一类用户都有着较为明显的用电特征,结合这些用电特征,针对各类电力用户制定科学合理的用电套餐。一般而言,用户电价套餐和用电量进行直接关联,由于目前中国电力市场还不够完全成熟,主要采用的模式是在目录电价基础上的价差模式,基于此,本节设计几种价差用电套餐,并结合各类用户特征推荐用户选择。

1. 固定价差套餐

固定价差套餐是指售电公司与用户签订的价差合同中对用户的用电价差进行了明显规定,适用于这种套餐的用户以普通用户为主,这里用户以收益低、风险低为用电特征,以小型工商业用户居多,由于用电量不大,而且风险偏差较小,对售电公司的影响较小。此类用户对电价的敏感性较差,固定价差模式能够很好地吸引这类用户。

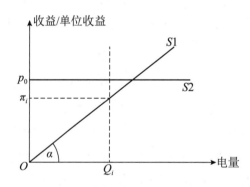

图 7-2　固定价差套餐下的用户收益变化

固定价差套餐中采用固定价差,用户从售电公司处得到的单位用电收益是不变的,不会随着用电量的变化而有所改变。具体如图 7-2 所示。从图 7-2 中可以看出,$S1$ 曲线表示的是用户实际收益与电量的拟合曲线,是一条从原点出发的斜率为 $\tan\alpha$ 的直线,$S2$ 曲线表示的是用户单位用电收益与电量的拟合曲线,是一条平行于横坐标的直线,说明用户单位用电收益与电量无关,只与规定的固定价差 p_0 有关。例如,在用户用电量为 Q_i 时,用户的用电收益为 $\pi_i = Q_i * p_0$,用户的单位用电收益为 p_0。

2. 年费+固定价差套餐

年费+固定价差套餐是指售电公司跟用户签订的代理合同包括两个部分的内容,一部分是售电公司收取用户的服务费,以年费形式结算,另一部分是售电公司补偿给用户的用电价差费,以月结算。与固定价差套餐不同的地方在于,年费+固定价差套餐给予用户的单位电量补偿价差绝对值高于前者。适用于这种价差套餐的用户以次级用户为主，该类用户收益低、风险高，采用年费模式可以降低由于用户用电变化导致的售电公司经营风险，而且用户可以通过提高用电量来降低年费带来的额外成本。

年费+固定价差套餐中的价差也是固定不变的，不随用户电量变化而变化，但是用户总的平均用电补偿价差是与电量相关的，具体如图 7-3 所示。

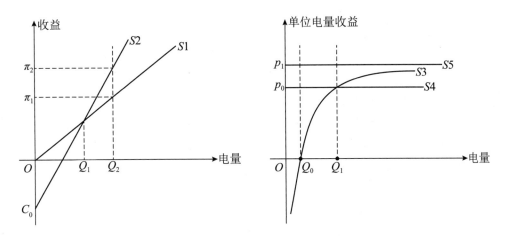

图 7-3　年费+固定价差套餐下的用户收益变化

从图中可以看出，左侧显示的是用户实际收益随用电量变化情况，右侧显示的是用户单位电量平均价差变化情况。曲线 $S1$ 表示的是固定价差套餐下的用户收益，曲线 $S2$ 表示的是年费+固定价差套餐下的用户收益，曲线 $S3$ 表示的是年费+固定价差套餐下的用户单位电量收益，曲线 $S4$ 表示的是固定价差套餐下的用户单位电量收益。对比两种套餐发现，主要分为以下 5 种情况：

（1）当用户用电量满足 $Q < Q_0$ 时，年费定义为 C_0 时，给予用户的价差为 p_1，在用户电量小于 Q_0 时，年费+固定价差套餐的用户单位电量收益为负值，固定价差套餐明显优于前者；

（2）当用户用电量满足 $Q = Q_0$ 时，此时的年费+固定价差套餐下的用户单位电量收益为 0，满足等式：$Q_0 = \dfrac{C_0}{p_1}$；

（3）当用户用电量满足 $Q_0 < Q < Q_1$ 时，曲线 $S3$ 的值明显小于曲线 $S4$ 的值，说明在这个电量区间，固定价差套餐明显优于另一种套餐；

（4）当用户用电量满足 $Q = Q_1$ 时，曲线 $S1$ 与曲线 $S2$ 相交，曲线 $S3$ 与曲线 $S4$ 相交，说明在这种情况下，两种套餐的优势相同；

（5）当用户用电量满足 $Q > Q_1$ 时，曲线 $S2$ 的值超过了曲线 $S1$，曲线 $S3$ 的值也

超过了曲线 $S4$，说明年费 + 固定价差套餐优于固定价差套餐。

随着用户用电量的不断增加，曲线 $S3$ 会无限接近曲线 $S5$，但是不会相交，即用户的单位电量收益小于 p_1。

综上所述，年费 + 固定价差套餐和固定价差套餐的优势主要与用户用电量有关，用户应当根据自己的年用电量情况或者月用电量情况来选择最优套餐。

3. 阶梯价差套餐

阶梯价差套餐是指售电公司根据用户用电量不同给予用户不同的价差补贴，设定几种电量范围的价差套餐，用户自主选择适用于自己的套餐，结算时，用电量在规定范围内的用户按照合同规定进行价差补贴结算，超过用电量范围的用户将按照合同规定的考核标准支付额外费用。这种套餐根据用户自预测电量有着一定要求，同时给予用户的价差补贴较高，但又存在考核费用，因此适用于最优级用户，这里用户用电量大，但是用电特征比较明显，对负荷预测较为准确。

在阶梯价差套餐中，由于存在阶梯式的电量价差补贴，用户的单位电量价差也是呈现阶梯式，在不考虑考核的情况下，用户的收益变化情况如图 7-4 所示。

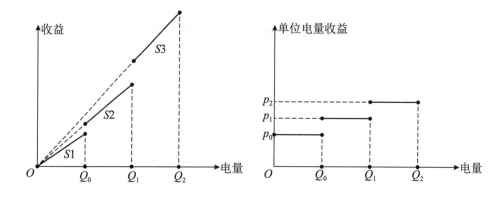

图 7-4　阶梯价差套餐下的用户收益变化

从图中可以看出，左侧显示的是阶梯价差套餐下的用户收益与用电量之间的走势关系，右侧显示的是该套餐下的用户单位电量收益与电量之间的走势关系。为了鼓励用户用电，这里设定的阶梯是正向阶梯，即随着用电量区间的增加，单位电量收益也是增加的。在不考虑电量偏差的前提下，用户的收益及单位电量收益主要分为以下 3 种情况：

（1）第一阶梯

在第一阶梯用电区间，电量范围为 $[0, Q_0]$，此时售电公司给予用户的单位电量价差为 p_0，从用户收益来看，曲线 $S1$ 表示该阶段的用户收益情况，其斜率就等于 p_0。

（2）第二阶梯

在第二阶梯用电区间，电量范围为$(Q_0, Q_1]$，此时售电公司给予用户的单位电量价差为p_1，从图7-5的左侧图示来看，曲线$S2$表示该阶段的用户收益情况，其斜率等于p_1，而且满足公式：$p_1 > p_0$。

（3）第三阶梯

在第三阶梯用电区间，电量范围为$(Q_1, Q_2]$，此时售电公司给予用户的单位电量价差为p_2，从用户收益来看，曲线$S3$表示该阶段的用户收益情况，其斜率为p_2，并且满足公式：$p_2 > p_1 > p_0$。

此外，该价差套餐的考核方式为，当用户选择某一区间后，在结算时实际用电量超出该区间或者低于该区间都需要进行考核。例如，用户选择第二阶梯，在结算时发现用户用电量为Q_r，根据其值大小来进行考核：

（1）当$Q_r < Q_0$时，说明用户用电量低于所选择区间，那么售电公司根据合同规定，按照上一阶梯价差的一半，这里即第一阶梯价差p_0的一半$\frac{p_0}{2}$来结算；

（2）当$Q_0 \leqslant Q_r \leqslant Q_1$时，说明用户用电量属于选择电量区间，售电公司按照价差p_1与用户进行结算；

（3）当$Q_r > Q_1$时，说明用户用电量超出了所选择的区间，那么售电公司根据合同规定，超出部分电量按照所选区间价差的一半，这里是指第二阶梯价差的一半，即$\frac{p_1}{2}$来进行结算。

4. 年费+阶梯价差套餐

年费＋阶梯价差套餐是指用户在缴纳一定年费后，不对偏差电量进行考核，根据用户实际用电量情况来对应阶梯价差套餐。这种套餐更适用于高级用户。这类用户用电量大，但是用电规律不明显，选择阶梯价差套餐产生偏差的风险较大，因此推荐选择年费＋阶梯价差套餐。

在年费＋阶梯价差套餐下，不再对用户电量进行考核，用户的收益和单位电量收益会随着用电量的变化而变化，具体如图7-6所示。

从图7-5中可以看出，左侧显示的是用户收益随电量变化曲线，右侧显示的是用户单位电量收益随电量变化曲线。其中，曲线$S1$、$S2$、$S3$表示不同电量下的用户实际收益变化曲线，曲线$S4$、$S5$、$S6$表示不同电量下的用户单位电量收益变化曲线。假定用户缴纳的年费为C_0，根据用户实际用电量可以计算出用户的实际收益，具体包括以下3种情况：

（1）当$Q_r \leqslant Q_0$时，用户的收益和单位电量收益计算如下：

$$\pi = p_0 Q_r - C_0 \tag{7-30}$$

$$p_r = p_0 - \frac{C_0}{Q_r} \tag{7-31}$$

(2) 当 $Q_0 < Q_r \leq Q_1$ 时，用户的收益和单位电量收益计算如下：

$$\pi = p_0 Q_0 + p_1 (Q_r - Q_0) - C_0 \tag{7-32}$$

$$p_r = p_1 - \frac{C_0 + (p_1 - p_0)Q_0}{Q_r} \tag{7-33}$$

(3) 当 $Q_1 < Q_r \leq Q_2$ 时，用户的收益和单位电量收益计算与第二阶段电量基本相似，这里不再赘述。

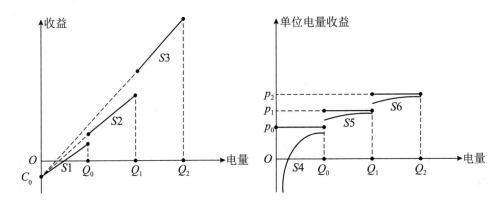

图 7-5 年费 + 阶梯价差模式下的用户收益变化

综上所述，阶梯价差套餐和年费 + 阶梯价差套餐两种套餐的特点存在明显差异，前者适用于风险低的用户，后者适用于风险高的用户。用户可以根据自身实际情况，通过测试预测电量偏差情况来计算两种套餐的单位电量收益大小，选择更优的价差套餐。

即测即练题

案例讨论 >>>

法国电力公司的售电转型之路

法国的电力体制改革始于 20 世纪 90 年代中期，早于现行的中国新一轮电力体制改革 20 年，整个过程有着较大的借鉴意义。1996 年，法国能源市场逐步向竞争性市场放开；2000 年，左右发输分开并成立输电公司，同时允许用电量超过 1600 万千瓦时的用户自由选择供电商；2003 年，出台法令要求市场完全放开并成立配电部门，对 3200 家用电量超过 700 万千瓦时的用户放开电力市场；2004 年，允许所有非居民用户自由选择供电商；2007 年，电力市场对所有居民用户开放；2008 年，成立配电网公司，2009 年，一体化公司的模式正式结束。法国电力公司（EDF）作为法国最大的电力运营商在法国电力市场化过程中也发生巨大变化，随着其垄断地位不再，积极拥抱极具竞争性的综合能源服务市场成为其必然的转型道路。在此期间，法国电力公司积极成立多个子公司，通过母子品牌策略，充分发挥母公司品牌价值，提升其综合能源服务业务辨识度。

为了更好开拓新兴业务，法国电力公司首先依托售电业务将搜集到的电表数据、用电合同数据、电网数据等数据资源整合为企业大数据库，将其作为重要资产管理对象；随后成立独立的服务型运营分析中心，对数据库进行专业分析与管理，从多个角度对市场消费群体进行精确区分，并通过数据分析对企业自身、市场、环境进行准确判断，为推进综合能源服务的发展提供了强有力的数据分析支撑。最后，法国电力公司通过对数据资产的分析利用，实现了精确定位目标客户、推出更具盈利性的新产品、扩大企业市场份额、提升客户服务响应速度、提升企业商业运作灵活度等一系列成效，促进了数据资产价值增值。

综合来看，法国电力公司依托于售电业务获取的用户用能数据，通过专业分析和管理，向用户精准推送综合能源服务。这类服务一方面实现了用户能效的提升，另一方面也实现了自身业务的拓展。虽然短期内公司的售能总量并不一定有积极的扩张，但通过业务协同无疑增加了用户的黏性，在此基础之上所拓展的综合能源业务也是对售能业务的有效补充。

问题 1：法国电力公司为何首先整合用户数据，对数据分析，然后对用户精确区分。

问题 2：法国电力公司的售电转型对我们有什么启示。

案例分析思路

第 8 章

购售电偏差风险

学习目标 >>>>

1. 了解什么是偏差电量考核机制；
2. 了解我国各地偏差电量考核的现状；
3. 了解售电公司降低偏差电量的控制手段；
4. 了解需求响应管理下的偏差考核优化模型；
5. 学习偏差电量考核的优化算法。

引导案例 >>>>

电力交易之偏差考核

景谷盛鑫矿冶有限公司在 2020 年 2 月、4 月、8 月的月度用电量均低于其双边协商交易电量的 60%，该公司月度用电量已累计 2 个月低于其双边协商交易电量的 60%，现暂停 2020 年 10—12 月的双边协商交易资格。接下来，咱们就聊一聊偏差考核。

扩展阅读8.1

说到偏差，到底什么是偏差呢？就是在电力交易过程中，预先购买的电量与最终实际用电量有差额，也就是偏差电量。出现了偏差电量，就会有偏差考核，是对偏差电量执行一个处罚性的罚款。

那为什么要考核呢，因为电力是不能大规模储存的，电网处在一个发电和用电时时平衡的状态。目前的电力交易以中长期交易为主，如果一个电力用户没有按照之前交易的电量计划进行用电，就会打破这种平衡，那么电网调度就需要调整电厂发电计划，给电网和电厂运行造成额外的成本,所以就有了偏差考核。

目前各地的电力交易市场中,都存在偏差考核。那么电力用户是如何承担偏差考核的呢?

1. 直接交易用户

偏差考核电量由电力用户自己承担,因为单个用户没有平摊偏差的能力,随意当预估电量不准时,自身承担的偏差考核风险比较高。以云南景谷盛鑫矿冶有限公司为例,自身偏差超过合同电量的40%,偏差比例过高,因而被电力交易中心处罚。

2. 零售用户

零售用户的交易是由售电公司代理交易的,零售用户在用电过程中出现偏差电量,可以汇总至售电公司,由售电公司平摊后整体考核。那么有些公司可能自身偏差较大,但售电公司汇总后整体没有偏差或者偏差较小,其偏差风险就可以减少或者免除。所以相较于直接交易用户来说,零售用户承担的偏差考核风险较小。

偏差电量考核机制的定义

在电力现货市场还不成熟的情况下,为了规范购电方的购电行为,售电公司提出了偏差电量考核机制。偏差电量考核机制一方面能够有效规范电力市场买卖双方的购售电行为,另一方面促使售电公司提高对代理用户市场的负荷预测准确度。售电公司在预测用户市场的用电需求前提下,将电量需求分为若干部分,主要包括三个部分:年度双边协商交易市场、月度集中竞价交易市场和现货市场,截至目前,主要还是前两个市场购买电量构成,现货市场还未成熟,由此就会导致在进行月度结算时,实际用户用电量与售电公司所预测的用电需求有所偏差。现货市场不成熟的情况下,就需要售电公司来承担额外产生的费用,售电公司为了便于管理,统一对偏差电量部分进行考核,不再单独计算由此产生的机组启停费、线损、输配电费用等。同时,由于预测必然存在误差,在公平合理的原则下,售电公司设定了一个免考核范围,该范围可根据地域特点、用户市场构成特点等进行核定,选择一个合理的免考核参数。

此外,在零售市场中,售电公司与用户签订电力合同,主要是指差价合同。目前的差价合同主要是以单一的差价为准,即用户与售电公司签订合同,能够以比实际用电价格低一个差价的电价水平进行结算,或者说售电公司给予用户该差价水平的用电补贴。然而,在较为成熟的电力市场上,还会存在峰谷分时电价、阶梯电价等电价划分，售电公司可以充分利用这些政策，与用户签订更多方式的电力合同，例如，不同时段的用电给予用户不同的差价补贴。同时，售电公司为了减小或者避免偏差电量考核，还可以与用户签订可中断负荷的相关合同，通过需求响应管理来对用户实际用电量进行微控，实现减小电量偏差的目的。综上所述，售电公司作为用户购电代理，通过对批发市场和零售市场的双向控制，实现自身利益最大化，同时也降低了用户的用电成本，具体的市场构成和采取的措施如图8-1所示。

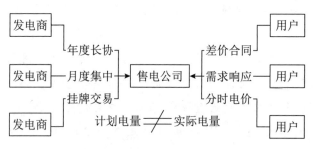

图 8-1 售电公司行为特征分析

本章将以售电公司偏差电量考核为出发点，分析售电公司如何通过需求响应管理来降低总的考核成本，提高整体效益。同时，考虑用户侧的用电成本，以用电成本最低为目标，综合考虑售电公司与用户的整体效益最大化，分析不同需求响应管理方式的可行性和有效性，从而为售电公司制定相关电价套餐提供建议。

8.2 偏差电量考核现状及售电公司策略分析

8.2.1 偏差电量考核现状

随着我国各省电力交易中心陆续出台电力中长期交易规则，偏差电量考核成了影响购售电双方利润的一个重要因素。从发电侧来看，由于存在设备故障、非计划停运、燃料储备和燃料质量等问题，发电商的计划发电量和实际发电能力之间存在偏差；从用电侧来看，由于用户订单变化、天气变化、供电网络故障、政策环境等不确定因素的存在，导致售电公司预测的用电需求与实际用电量之间也会存在偏差，由此导致了合同电量与实际用电量之间的偏差。

截至目前，全国26个地区（京津唐地区算一个整体）出台了偏差考核规定以及相关的结算规则，具体如表8-1所示。

表 8-1　全国 26 个地区偏差考核机制

序号	地　区	考　核　机　制
1	广东	免考核范围：-2%～2%； 正偏差考核：当用户实际用电量超过月度市场电量（月度双边协商交易电量与集中竞争交易电量之和）时，偏差电量按月度集中竞争交易成交价差绝对值结算； 负偏差考核：当用户实际用电量小于月度市场电量（月度双边协商交易电量与集中竞争交易电量之和）时，偏差电量按月度集中竞争交易成交价差绝对值的 3 倍结算
2	云南	免考核范围：>-3%； 负偏差考核：少用电量 = 月度计划电量 × 97% -（月度电量 - 日累计电量），月度交易偏差电费 = 少用电量 × 少用价格（一般以 0.03 元 / 千瓦时）
3	青海	免考核范围：-3%～3%； 正偏差考核：根据月度交易计划结算当月合同电量，超出部分优先按照年度合同进行滚动平衡，削减次月电量，不符合条件的超出部分，3% 以内（含 3%）的偏差电量按照其同类型用户目录电价结算，3% 以上的偏差电量按照其同类型用户目录电价的 110% 结算； 负偏差考核：根据月度交易计划结算当月合同电量，超出部分优先按照年度合同进行滚动平衡，增加次月电量，不符合条件的超出部分，3% 以上的偏差电量按其同类型用户目录电价的 10% 缴纳违约金
4	贵州	滚动平衡方式； 正偏差考核：当用户实际用电量超过直接交易合同电量，按实际电量结算，削减后续月度计划； 负偏差考核：当用户实际用电量少于直接交易合同电量，按实际电量结算，满足安全校核前提下滚动调整至后期，否则按合同规定缴纳违约金
5	湖南	免考核范围：>-2%； 负偏差考核：2% 以外的少用电量按系统下调电量的补偿单价支付偏差考核费用（系统未调用下调服务时，按其合同加权价的 10% 支付偏差考核费用）
6	江苏	免考核范围：-3%～3%； 负偏差考核：按照实际用网电量结算，但需计入电力用户违约并扣减发电企业合同对应部分的结算电量； 正偏差考核：按照合同分月计划电量（含合同电量转让互抵）的 103% 结算，超过部分的电量，按照电力用户目录电价的 110% 结算
7	浙江	免考核范围：-10%～10%； 偏差考核：因电力用户、发电企业或电网企业原因，造成合同期内实际过网直接交易电量低于合同电量（含合同期内调整电量）90% 时部分为违约电量。违约方按合同协议约定赔偿标准支付违约金
8	河南	免考核范围：-10%～10%； 偏差考核：因电力用户、发电企业或电网企业原因，造成合同期内实际过网直接交易电量低于合同电量（含合同期内调整电量）90% 时部分为违约电量。违约方按合同协议约定赔偿标准支付违约金
9	广西	免考核范围：>-5%； 偏差考核：计划电量完成率低于 95% 的，偏差电量考核责任方，考核上限不超过当月电力用户（售电公司）、发电企业通过该交易方式理论获利、让利的 20%

续表

序号	地区	考核机制
10	安徽	免考核范围：-5%～0； 正偏差考核：超出部分按目录电价执行； 负偏差考核：违约金=（合同电量×95%－实际执行电量）×全省市场交易平均降价额度
11	山东	免考核范围：-2%～6%； 正偏差考核：6%以外的多用电量按其合同加权平均购电价的5%支付偏差考核费用； 负偏差考核：2%以外的少用电量按系统下调电量补偿电价支付偏差考核费用（未调用下调服务时，按其合同加权平均购电价的15%支付）
12	重庆	免考核范围：-5%～5%； 正偏差考核：电力用户的购电价格按照目录电价执行； 负偏差考核：违约电量责任在直接交易合同中进行规定
13	福建	免考核范围：-3%～3%； 偏差考核：偏差3%以内，进行滚动平衡，超出部分进行考核，偏差考核资金=偏差电量×（用户目录电价－市场交易购电价格）的绝对值
14	四川	免考核范围：-2%～5%； 正偏差考核：5%以内的超用电量免于支付偏差考核费用；5%以外的超用电量按本月预挂牌上调服务最高价的10%支付偏差考核费用。 负偏差考核：2%以内的少用电量免于支付偏差考核费用，2%以外的少用电量按系统下调电量补偿单价支付偏差考核费用（若本月下调电量为0，则接本月预挂牌下调服务最高价的10%支付偏差考核费用）
15	江西	按照《国家发展改革委国家能源局关于印发电力中长期交易基本规则（暂行）的通知》执行
16	甘肃	电力用户实际交易电量累计出现三个月低于合同约定电量70%的，该电力用户不得在年内再次参与直接交易； 电力用户实际交易电量累计出现三个月低于合同约定电量50%时，合同发电企业一方可提出调整合同或终止合同，并提前十个工作日函告合同相关方
17	宁夏	免考核范围：-2%～0； 正偏差考核：超出合同电量部分按照目录电价结算； 负偏差考核：2%以内的少用电量免于承担违约责任，2%以外的少用电量按调增最高预挂牌价格的10%支付偏差考核费用
18	上海	免考核范围：-2%～2%； 正偏差考核：超出2%以外的电量结算电价=月度集中交易电价+｜月度集中交易成交价格－上海燃煤标杆电价｜×2； 负偏差考核：超出2%以外的削减电量罚金价格=｜月度集中交易成交价格－上海燃煤标杆电价｜×2
19	山西	免考核范围：-2%～0； 正偏差考核：超出电量部分按以下价格顺序结算，上调服务加权平均价、月度集中竞价市场成交最高价、月市场交易合同最高价，其中，上调服务加权平均价=发电侧上调电量总补偿费用÷上调总电量； 负偏差考核：超出2%以外的少用电量按系统下调服务加权平均价支付考核费用（未下调服务时，按照合同加权价的10%支付）

续表

序号	地区	考核机制
20	湖北	免考核范围：-5%～5%； 正偏差考核：偏差超过合同电量5%部分按照目录电价的110%执行； 负偏差考核：偏差低于合同电量5%部分按照0.02元/千瓦时向发电企业缴纳违约金
21	新疆	免考核范围：-5%～5%； 正偏差考核：超出部分试点期间暂不考核； 负偏差考核：超出5%部分为违约电量
22	河北	免考核范围：-5%～5%； 正偏差考核：偏差超过合同电量5%部分按照目录电价执行； 负偏差考核：偏差超过合同电量5%部分按照上网电价执行
23	辽宁	免考核范围：-2%～0； 正偏差考核：超出合同电量按目录电价执行； 负偏差考核：少用电量超出2%部分，按照火电环保标杆电价的20%对发电企业进行补偿，按国家核定的输配电价的10%对电网企业进行补偿
24	陕西	免考核范围：-10%～0； 偏差考核：一是实际结算电量在合同电量90%以上时不计算违约责任，实际结算电量大于合同电量的80%，但低于90%时，低于90%的这部分电量视为本期违约电量，在下一周期成交的直接交易电量结算时扣除，违约电量按照目录电价执行。连续两个交易周期产生违约电量的用户列入电力直接交易黑名单，不予参与第三个交易周期直接交易；二是实际结算电量低于合同电量80%时，取消下一个交易周期直接交易资格
25	黑龙江	免考核范围：-5%～5%； 正偏差考核：超出5%多用电量按照燃煤机组标杆上网电价与实际成交价差额绝对值进行补偿发电企业； 负偏差考核：超出5%少用电量按照燃煤机组标杆上网电价与实际成交价差额绝对值的2倍进行补偿发电企业
26	京津唐	免考核范围：-5%～0； 正偏差考核：超出合同电量按目录电价执行； 负偏差考核：超出5%以内的电量进行滚动平衡，超出5%以外的电量支付违约金，违约金=偏差电量×｜市场均衡价差｜×2

对比可知，24个地区都对用户侧进行了偏差电量考核，同时对发电侧和用户侧进行考核的地区包括辽宁、陕西、河南、湖北、安徽、浙江、重庆、贵州和广西9个地区。各地区具体免考核范围不同，具体如图8-2所示。通过观察各地区偏差电量考核范围可知，不同地区对于偏差电量考核的严格水平不同，较为严格的地区偏差电量考核范围为2%，即要求偏差电量不得超过2%，例如广东等地，也有政策宽松的地区，偏差电量考核范围为10%，例如陕西地区。不同的偏差考核程度会对发电侧和用户侧采取的措施有所影响，因此有必要对偏差考核范围进行研究。

以广东地区为例，统计2017年以来，各月用户侧的考核情况，具体如图8-3所示。

从图 8-3 中可以看出，总体偏差率是指考虑不同用户正负偏差相抵消的情况，平均偏差率是指将对偏差率的绝对值进行求均值计算结果，其中，偏差率对应左侧纵坐标，考核费用对应右侧纵坐标。从 2 月到 9 月的偏差率和考核费用来看，基本上考核费用是和总体偏差率同步变化的，说明降低偏差率能够有效减少考核费用，因此，售电公司应当采用相应措施来不断降低电量偏差率，从而减少额外成本。

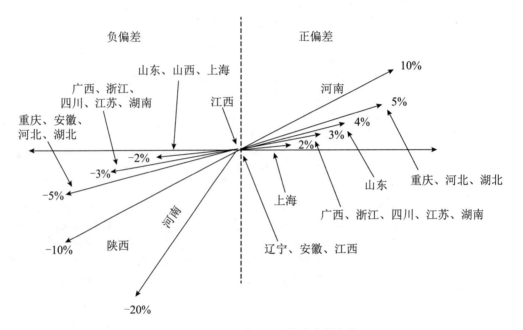

图 8-2 全国各地区月度偏差电量考核

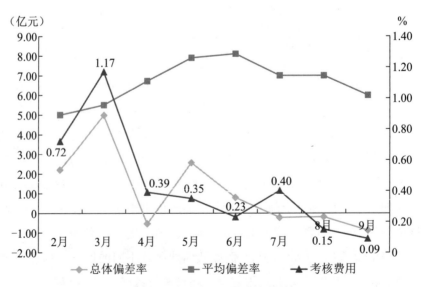

图 8-3 广东电力交易偏差考核情况

8.2.2 售电公司经营策略

对于售电公司来说,如何对偏差电量进行控制,使其满足免考核规定范围,对售电公司的经营策略至关重要。售电公司通过采用相应的控制手段来降低偏差电量,从而降低考核费用。分析可知,售电公司的偏差考核控制的关键主要在于用户,包括对用户负荷的预测、与用户签订差异化合同、需求响应管理等。用户用电需求预测准确度的提高是降低电量偏差最为直接的方式,但是由于各种影响因素的存在,该方式并不是最佳的规避电量偏差风险的方式。本节将从用户市场规模控制、差异化合同签订以及需求响应管理三个方面分析售电公司的经营策略。

1. 用户市场规模控制

对于售电公司而言,其代理的用户市场越大,负荷预测的准确度越高。这是因为一个用户的负荷预测准确度不高,受到其他因素的影响很大,而随着用户市场规模的扩大,用户数量的增加,这种偏差就会互相抵消,例如,一个用户负荷预测偏高,另一个用户负荷预测偏低,但整体负荷预测偏差就会较小。假定存在5个电力用户A、B、C、D、E,如果这些用户分别作为一个主体参与电力市场,那么交易结果存在以下两种情况:同向偏差和异向偏差。

1)同向偏差

同向偏差是指用户的计划电量与实际用电量的偏差方向一致,以偏高为例,假定5个电力用户的实际用电量均高于计划电量,则各自的偏差情况及偏差率情况如表8-2所示(单位偏差考核成本为0.05元/千瓦时)。

表 8-2 同向偏差情景下的考核成本情况

	计划电量/千瓦时	实际电量/千瓦时	偏差电量/千瓦时	偏差率(%)	考核系数(%)	免考核电量/千瓦时	考核电量/千瓦时	考核成本/元
A	100	110	10	10.00	2	2	8	4000
B	120	121	1	0.83	2	2.4	0	0
C	90	100	10	11.11	2	1.8	8.2	4100
D	110	120	10	9.09	2	2.2	7.8	3900
E	100	102	2	2.00	2	2	0	0
售电代理	520	553	33	6.35	2	10.4	22.6	11300

从表8-2可以看出,如果用户分别参加电力市场购电,总的考核成本为12000元,而如果由售电公司代理所有用户参加电力市场购电,总的考核成本为11300元,降低了5.8%。因此,在同向偏差情景下,用户数量越多,考核总成本越有降低的可能性。

2）异向偏差

异向偏差是指用户的计划电量与实际用电量的偏差方向相反，这种情景下较为容易理解，类似于偏高偏低的中和反应，仍然以 5 个用户为例，假定各自的偏差存在相反的情况，则各自的偏差率及考核成本情况如表 8-3 所示。

从表 8-3 可以看出，在双向考核的情况下，单一用户多用电或者少用电都会需要承担考核成本，本例中的用户考核成本为 12300 元，而如果由售电公司代理这些用户参加电力市场购电，总的考核成本仅为 2300 元，降低比例达到 80% 以上。因此，在异向偏差情景下，用户数量越多，考核总成本降低越多。

综上所述，无论是在同向偏差还是异向偏差情景下，用户市场越大，产生的考核成本越低，所以说售电公司可以通过控制用户市场规模，来降低偏差电量，从而降低考核成本。

表 8-3 异向偏差情景下的考核成本情况

	计划电量	实际电量	偏差电量	偏差率（%）	考核系数（%）	免考核电量	考核电量	考核成本
A	100	110	10	10.00	2	2	8	4000
B	120	115	-5	-4.17	2	2.4	2.6	1300
C	90	100	10	11.11	2	1.8	8.2	4100
D	110	105	-5	-4.55	2	2.2	2.8	1400
E	100	105	5	5.00	2	2	3	1500
售电代理	520	535	15	2.88	2	10.4	4.6	2300

2. 差异化合同签订

差异化合同是指售电公司与用户签订的不同价差合约，根据用户用电特征、行业特征、信用度等差异，选择不同的价差合约，主要可以分为以下三种：单一价差合同、分类别价差合同和价差期权合同。

1）单一价差合同

单一价差合同是指售电公司与用户签订的合同中只存在一种价差，用户用电多少以及售电公司购电组合如何都不会影响价差的变化。例如，售电公司与用户签订了价差为 0.04 元/千瓦时的单一价差合同，即用户将购电权利交于售电公司代理，但是售电公司要按照每度电 4 分钱的利息给予用户。而售电公司在批发市场上实际获利多少不影响用户的最终收益，或者说不影响用电成本的降低量。假定用户的当月实际用电量为 10 万千瓦时，售电公司在月底就要给予客户 4000 元的收益。

2）分类别价差合同

分类别价差合同是指售电公司与用户签订的合同中对售电公司每种购电类型的用户收益进行了区别对待，例如，售电公司与用户在合同中规定，年度长协双边交易市场上购买的电量给予用户 0.03 元/千瓦时的收益,而月度集中交易市场上购买的电量给予用户 0.06 元/千瓦时的收益。假定在不考虑偏差的前提下,用户当月的实际用电量为 10 万千瓦时,根据售电公司的购电情况,其中 8 万千瓦时电量来源于年度长协双边交易市场,2 万千瓦时电量来源于月度集中交易市场,那么售电公司就要按照合同规定给予用户 3600 元的收益。

3) 价差期权合同

价差期权合同是指售电公司为了降低市场不确定性,与用户在签订的合同中规定,按照售电公司在批发市场上的实际收益按照一定比例支付给用户。例如,售电公司与用户在合同中规定,按照实际收益的 30% 支付给用户。假定在不考虑偏差的前提下,用户的实际用电量为 10 万千瓦时,根据售电公司的购电情况,其中 8 万千瓦时电量来源于年度长协双边交易市场,价差为 0.1 元/千瓦时;2 万千瓦时电量来源于月度集中交易市场,价差为 0.07 元/千瓦时,那么售电公司的收益为 9400 元,按照合同规定给予用户的收益为 2820 元。

对比三种不同类型合同可知,每一种合同都有其优点和缺点,单一价差合同能够帮助用户避开市场风险,不受市场波动影响;分类别价差合同能够帮助用户对售电公司进行影响,根据自身情况来促使售电公司给予更多优惠;价差期权合同一方面能够帮助售电公司规避批发市场上的风险,另一方面也提高了用户的可能效益,可以说是收益越高,风险越大。售电公司可以对合同与用户进行差异化管理,用户也可以根据自身情况来选择与售电公司签订更有利于自己的价差合同。

3. 需求响应管理

需求响应管理在这里主要是指售电公司通过与用户签订非价差合同,但是能够降低售电公司成本和用户用电成本的一种管理方式。需求侧响应成为市场参与者降低市场风险的强有力的手段,包括直接负荷控制、可中断负荷、需求侧竞价、紧急需求侧响应、容量市场项目和其他辅助服务项目等。基于激励的需求侧响应将与电力系统的月度容量计划、日前市场经济调度、实时市场经济调度和备用服务强耦合。对供电公司、售电公司和电力系统运营机构而言,基于激励的需求侧响应既可以降低他们各自的成本,同时有效保障了系统的运行可靠性。这里提出两种需求响应手段,包括峰谷分时价差合同和可中断负荷合同。

1) 峰谷分时价差合同

峰谷分时价差合同是指售电公司根据用户用电时段的特点,在不同时段给予不同程度的价差。售电公司用价格手段来刺激用户在高峰时段减少用电量,在低谷时段多用电,从而减小峰谷差,提高负荷率。售电公司以负荷集成商的身份根据削减的峰段负荷情况，获得相应的补偿。例如，售电公司与用户签订合同规定，峰时段的价差为 0.02 元/千瓦时，平时段的价差为 0.05 元/千瓦时，谷时段的价差为 0.15 元/千瓦时。假定原本采用的固定价差为 0.05 元/千瓦时，用户原本的峰时段用电量为 6 万千瓦时，平时段用电量为 3 万千瓦时，谷时段用电量为 1 万千瓦时。在不考虑峰谷分时价差的前提下，用户的价差收益为 5000 元，由于峰谷分时价差合同的刺激，用户峰时段的 1 万千瓦时转移到低谷时段，则此时用户的价差收益为 5500 元，相比之前增长了 10%。

2）可中断负荷合同

可中断负荷合同与峰谷分时价差合同不同的地方在于后者是转移负荷，不减少总的用电量，而前者是直接切断负荷，降低总的用电量，所以说可中断负荷合同对于偏差电量考核的作用更为明显。可中断负荷合同是指售电公司与用户在合同中规定，次月将要切断用户负荷的次数和时间，并给予相应的补偿。合同中需要对提前告知时间、中断次数上限、补偿机制等进行明确规定，一旦用户与售电公司签订该合同后，售电公司有选择切断或者不切断的权利，具体根据当月的实际用电量与计划电量情况，补偿费用可以从减少的偏差电量考核成本中获取。

8.3 需求响应管理下的偏差电量考核优化模型

8.3.1 偏差电量考核测算模型

通过对偏差电量考核现状分析可知，大多数地区的考核机制是对正负偏差均进行考核，相对而言，负偏差考核成本更高。在不考虑需求响应管理的前提下，测算偏差电量考核成本，主要计算当月实际用电量与计划用电量的差值，其中，计划用电量主要由两部分构成，一部分是年度长协双边交易电量分解，另一部分是月度集中交易电量，具体计算如下。

假定售电公司在年度双边交易市场签订的合同电量为 Q_y，价差为 p_y，根据对用户的负荷预测结果将年电量分解到每一个月，记为 Q_m^y，$m=1,2,\cdots,12$。售电公司在上一个月底参加次月月度集中交易市场，竞价得到的电量记为 Q_m，价差记为 p_m。由此可以推算出售电公司在次月为用户购买的计划电量为 Q_m^p。

$$Q_m^p = Q_m^y + Q_m^r \qquad (8-1)$$

售电公司代理的用户该月实际用电量记为 $q_m(t,i)$，表示用户 i 在 m 月的 t 时段实际用电量，其中，t 时段是指将用户的用电时段分为峰时段、平时段和谷时段。

$$\Delta Q_m = \sum q_m(t,i) - Q_m^p \tag{8-2}$$

式中，ΔQ_m 表示售电公司代理全部用户的电量偏差，根据偏差大小以及偏差电量考核标准，计算售电公司需要被考核的电量。

当 $\Delta Q_m > 0$ 时，表示偏差为正，则需要被考核的电量为 Q_{pe}。

$$Q_{pe} = \max\{\Delta Q_m - Q_f, 0\} \tag{8-3}$$

$$Q_f = \alpha Q_m^p \tag{8-4}$$

式中，Q_f 表示免考核的偏差电量，α 表示正偏差电量的免考核系数。

在正偏差情况下，售电公司的额外成本包括两个部分，一部分是被考核偏差电量成本，另一部分是计划电量外给予用户的电量价差费用。

$$C_m^{pe} = p_s \Delta Q_m + p^+ Q_{pe} \tag{8-5}$$

式中，C_m^{pe} 表示售电公司的额外成本，p_s 表示售电公司与用户签订的价差合同规定的平均用电价差，p^+ 表示正偏差单位考核成本（例如，广东电力市场采用的是月度集中竞价市场的统一出清价的绝对值）。

当 $\Delta Q_m < 0$ 时，表示偏差为负，则需要被考核的电量计算如下：

$$Q_{pe} = \max\{Q_f - \Delta Q_m, 0\} \tag{8-6}$$

$$Q_f = \beta Q_m^p \tag{8-7}$$

式中，β 表示负偏差电量的免考核系数。

在负偏差情况下，售电公司的额外成本也包括两个部分，一部分是被考核偏差电量成本，另一部分是用户少用的电量需要支付给用户的价差费用，该部分为负值。

$$C_m^{pe} = p^- Q_{pe} + p_s \Delta Q_m \tag{8-8}$$

式中，p^- 表示负偏差单位考核成本。

由此可以计算出售电公司在该月的实际收益，记为 π。

$$\pi = (p_s - p_y) Q_m^y + (p_s - p_m) Q_m^r - C_m^{pe} \tag{8-9}$$

需要说明的是，由于这里假定的售电公司与用户签订的是全电量协商价差合同，没有考虑分时价差，在考虑峰谷分时价差合同的情况下，还需要对收益构成进行分解，具体将在下一节中进行分析。

8.3.2 峰谷分时电价管理

峰谷分时电价是需求侧管理中一种利用用户对电价弹性差异来引导用户采用合理用电结构和用电方式的有效措施。消费者心理学原理中提到，消费者对价格的敏感性有一个最小可觉差，也称之为差别阈值，在这个最小可觉差的范围内，消费者的敏感性非常小，也不会有所变化，处于不敏感区域；相对于差别阈值，消费者对价格的敏感性有一个饱和值，一旦超过这个饱和值，消费者也不会有响应，相当于达到了响应极限区域；在差别阈值和饱和值之间的区域，相当于正常响应区域，基本上消费者对价格的敏感性随着变化的程度而变化，可以简化为线性相关。

为了将差别阈值概念与峰谷分时电价相结合，这里引入负荷转移率的概念。负荷转移率是指在峰谷分时电价的刺激下，用户负荷从高电价时段向低电价时段转移量与高电价负荷之比，同时假定负荷转移率与峰平、峰谷、平谷之间的电价差都是成正比例的。由此，可以根据不同的电价差变化，计算负荷转移率，包括三种情景：

1. 峰时段到平时段

$$\lambda_{pf} = \begin{cases} 0, \left(0 \leq \Delta pf \leq a_{pf}\right) \\ \kappa_{pf}\left(\Delta pf - a_{pf}\right), \left(a_{pf} \leq \Delta pf \leq \lambda_{pf}^{\max}/\kappa_{pf} + a_{pf}\right) \\ \lambda_{pf}^{\max}, \left(\Delta pf \geq \lambda_{pf}^{\max}/\kappa_{pf} + a_{pf}\right) \end{cases} \quad (8\text{-}10)$$

式中，λ_{pf} 表示峰时段到平时段的负荷转移率；Δpf 表示峰时电价与平时电价的差值；a_{pf} 表示差别阈值；κ_{pf} 表示正常响应区间的线性曲线的斜率；$\lambda_{pf}^{\max}$ 表示响应极限区域的饱和值。

2. 峰时段到谷时段

$$\lambda_{pv} = \begin{cases} 0, \left(0 \leq \Delta pv \leq a_{pv}\right) \\ \kappa_{pv}\left(\Delta pv - a_{pv}\right), \left(a_{pv} \leq \Delta pv \leq \lambda_{pv}^{\max}/\kappa_{pv} + a_{pv}\right) \\ \lambda_{pv}^{\max}, \left(\Delta pv \geq \lambda_{pv}^{\max}/\kappa_{pv} + a_{pv}\right) \end{cases} \quad (8\text{-}11)$$

式中，λ_{pv} 表示峰时段到谷时段的负荷转移率；Δpv 表示峰时电价与谷时电价的差值；a_{pv} 表示差别阈值；κ_{pv} 表示正常响应区间的线性曲线的斜率；$\lambda_{pv}^{\max}$ 表示响应极限区域的饱和值。

3. 平时段到谷时段

$$\lambda_{fv} = \begin{cases} 0, \left(0 \leq \Delta fv \leq a_{vf}\right) \\ \kappa_{fv}\left(\Delta fv - a_{fv}\right), \left(a_{fv} \leq \Delta fv \leq \lambda_{fv}^{\max}/\kappa_{fv} + a_{fv}\right) \\ \lambda_{fv}^{\max}, \left(\Delta fv \geq \lambda_{fv}^{\max}/\kappa_{fv} + a_{fv}\right) \end{cases} \quad (8\text{-}12)$$

式中，λ_{fv} 表示峰时段到平时段的负荷转移率；Δfv 表示峰时电价与平时电价的差值；a_{fv} 表示差别阈值；κ_{fv} 表示正常响应区间的线性曲线的斜率；$\lambda_{fv}^{\max}$ 表示响应极限区域的饱和值。

8.3.3 可中断负荷管理

1. 用户负荷的需求响应

可中断负荷是需求响应中的一种通过激励手段使用户自愿减少的负荷。可中断负荷是售电公司减少偏差电量考核最直接的方式之一，能够帮助售电公司规避风险、提高收益，同时也能增加用户收益。售电公司通过与用户签订可中断负荷合同，并根据实际情况选择执行或者放弃合同中的中断负荷，具体包括以下三个方面。

1）签订可中断负荷合同

售电公司与用户签订一个交易周期内的购电代理合同，一般为一年，并同时向用户发布偏差响应方案，用户自愿选择与售电公司签订可中断负荷合同。合同中主要规定五个方面内容：合同有效期、月允许中断次数上限、提前通知时间、每次中断时间、补偿费用。同时，售电公司还应与电网公司签订相应合同，由电网公司协助售电公司减少偏差电量执行可中断负荷。

2）电量预警

当月度计划购电量与用户当月用电量预测之间存在偏差，并且偏差值超过一定限度时，将考虑是否执行可中断负荷合同。当执行可中断负荷合同能够降低偏差电量到免考核区间，则执行该合同，并在月底结算该月的中断电量和中断次数，按照合同规定给予用户补偿费用。

3）调度

售电公司将中断电量和次数结果提交到电网公司，电网公司调度部门对中断计划进行系统安全校核等，并提前通知用户停电时间，在规定时间内对用户执行可中断负荷合同，并不断修正减少偏差考核电量。

2. 模型算法

可中断负荷合同中对中断次数上限、每次中断电量以及补偿费用价格均进行了规定。假定在当月月初用户进行负荷预测时,偏差电量已达到预警值,则提交中断电量申请,在月底进行补偿费用计算。

$$C_m^{com}(i) = n_m(i) q_m^{com}(i) p_m^{com} \tag{8-13}$$

$$\begin{cases} 0 \leqslant n_m(i) \leqslant n_m^{up}(i) \\ \sum_{i=1}^{I} n_m(i) q_m^{com}(i) \leqslant \Delta Q_m \end{cases} \tag{8-14}$$

式中,$C_m^{com}(i)$ 表示用户 i 在 m 月的可中断负荷补偿费用;$n_m(i)$ 表示用户 i 在 m 月的负荷中断次数;$q_m^{com}(i)$ 表示用户 i 在 m 月每次中断的电量;p_m^{com} 表示单位电量补偿费用;$n_m^{up}(i)$ 表示用户 i 在 m 月的可中断次数上限。

可中断负荷合同的执行在一定程度上减少了偏差电量考核成本,但是额外增加了中断用户补偿费用,只有综合考虑两种额外成本,以考核费用和补偿费用最小化为目标,才能实现售电公司的经济效益最大化。

$$f_m = C_m^{pe} + C_m^{com} \tag{8-15}$$

$$f_{\min} = p_s \left(\Delta Q_m - \sum_{i=1}^{I} n_m(i) q_m^{com}(i) \right) + p^+ \left(Q_{pe} - \sum_{i=1}^{I} n_m(i) q_m^{com}(i) \right) + \sum_{i=1}^{I} n_m(i) q_m^{com}(i) p_m^{com} \tag{8-16}$$

$$s.t. \begin{cases} 0 \leqslant n_m(i) \leqslant n_m^{up}(i) \\ \Delta Q_m - Q_{pe} \geqslant \sum_{i=1}^{I} n_m(i) q_m^{com}(i) \end{cases} \tag{8-17}$$

通过对可中断次数的选择,不断调整偏差电量考核成本和中断补偿费用的比例,使得最终达到整体成本最小化。

8.3.4 价差期权合同管理

价差期权合同的设置是为了进一步促使用户愿意与售电公司签订可中断负荷合同,帮助售电公司更好对偏差考核电量进行调整,提高整体经济效益,从而提升用户经济效益。根据售电公司利润公式构成可知,采用价差期权合同能够对售电公司给予用户的平均价差 p_s 构成影响,但是考虑到在价差不确定的前提下,无法计算售电公司的收益,因此这里采用滚动补偿修正的方式。所谓滚动补偿修正是指售电公司先和用户签订一个固定价差合同,根据该价差结合实际电量偏差情况,计算售电公司当月的实际收益,结合用户的实际用电量,计算平均实际价差,并对比该价差与固定价差。如果实际价差高于固定价差,额外的收益按照用户用电量占比分摊给用户;如果实际价差低于固定价差,额外的成本按照用户用电量占比向用户收取,即从本应按照固定价差结算的收益中扣除。

$$p_{ms}^r = \frac{\pi_m}{\sum_{k=1}^{K} q_m(k)} \quad (8\text{-}18)$$

$$\pi_m = (p_s - p_y)Q_{mk}^y + (p_s - p_m)Q_{mk}^r - f_m \quad (8\text{-}19)$$

式中，p_{ms}^r 表示 m 月的实际价差，π_m 表示 m 月的售电公司实际收益，用户 k 表示签订可中断负荷合同与价差期权合同的用户，Q_{mk}^y 表示签订价差期权合同用户的年度分解电量，Q_{mk}^r 表示月度市场竞争电量。

（1）当 $p_{ms}^r \geq p_s$ 时，按照用户用电量占比进行分摊额外收益。

$$\pi_m(k) = (p_{ms}^r - p_s) \times \frac{q_m(k)}{\sum_{k=1}^{K} q_m(k)} \times \delta \quad (8\text{-}20)$$

式中，$\pi_m(k)$ 表示用户 k 在 m 月的额外收益，δ 表示售电公司与用户额外收益占比，可以分为以下 3 种情况：

①当 $p_{ms}^r - p_s \leq 0.05$ 时，则 δ 取值为 0.3；

②当 $0.05 < p_{ms}^r - p_s \leq 0.1$ 时，则 δ 取值为 0.4；

③当 $p_{ms}^r - p_s > 0.1$ 时，则 δ 取值为 0.5。

（2）当 $p_{ms}^r < p_s$ 时，用户需要按照用电量占比承担额外成本。

$$C_m(k) = (p_s - p_{ms}^r) \times \frac{q_m(k)}{\sum_{k=1}^{K} q_m(k)} \times \theta \quad (8\text{-}21)$$

式中，$C_m(k)$ 表示用户 k 在 m 月的额外成本，θ 表示用户需要承担额外费用的占比，一般分为以下 3 种情况：

①当 $0 < p_s - p_{ms}^r \leq 0.05$ 时，则 θ 取值为 0.25；

②当 $0.05 < p_s - p_{ms}^r \leq 0.15$ 时，则 θ 取值为 0.4；

③当 $p_s - p_{ms}^r > 0.15$ 时，则 θ 取值为 0.55。

由此可以计算出用户 k 在 m 月从售电公司出得到的收益情况，具体如下所示：

（1）$p_{ms}^r \geq p_s$。

$$\pi(k) = q_m(k)p_s + n_m(k)q_m^{com}(k)p_m^{com} + (p_{ms}^r - p_s) \times \frac{q_m(k)}{\sum_{i=1}^{K} q_m(k)} \times \delta \quad (8\text{-}22)$$

（2）$p_{ms}^r < p_s$。

$$\pi(k) = q_m(k)p_s + n_m(k)q_m^{com}(k)p_m^{com} - (p_s - p_{ms}^r) \times \frac{q_m(k)}{\sum_{k=1}^{K} q_m(k)} \times \theta \quad (8\text{-}23)$$

通过设置价差期权合同，能够帮助售电公司规避偏差电量考核风险，同时也能够提高用户收益，可以说是一种双向规避风险的合约。

综上所述，通过签订可中断负荷合同和价差期权合同，售电公司的收益主要由三个部分构成：年度双边交易市场收益、月度集中竞争市场收益和额外成本支出。其中，额外成本支出部分又分成三个部分：偏差电量考核成本、可中断负荷补偿和价差期权收益（可正可负）。

$$\pi_m^r = \begin{cases} (p_s - p_y)Q_m^y + (p_s - p_m)Q_m^r - f_m - \sum_{k=1}^{K} \pi_m(k), & p_{ms}^r \geq p_s \\ (p_s - p_y)Q_m^y + (p_s - p_m)Q_m^r - f_m + \sum_{k=1}^{K} C_m(k), & p_{ms}^r < p_s \end{cases} \quad (8\text{-}24)$$

$$s.t. \begin{cases} 0 \leq n_m(i) \leq n_m^{up}(i) \\ \Delta Q_m - Q_{pe} \geq \sum_{i=1}^{I} n_m(i)q_m^{com}(i) \end{cases} \quad (8\text{-}25)$$

通过对比售电公司收益函数构成可知，由于前两个部分是固定不变的，要想增加售电公司效益，就必须降低额外成本支出。同时，也可在价差期权合同的辅助下，售电公司与用户共同承担偏差考核费用，执行合理的可中断次数，提高双方收益。

8.4 广东省偏差电量考核优化算法应用

8.4.1 参数设置

本章选取广东省电力市场2017年交易数据作为算例分析的基础，偏差电量考核方式也采用广东省电力市场考核方式，具体电价参数如表8-4所示。从表8-4中可以看出，月度市场出清价绝对值基本处于逐月降低的趋势。

某售电公司代理的用户为7家工商业用户。收集该售电公司在2017年各月的购电量以及用户实际用电量情况，具体如表8-5所示。

表 8-4 电价参数

月 份	月度市场出清价 (厘/千瓦时)	年度双边交易价差 (元/千瓦时)	用户统一价差 (元/千瓦时)	中断补偿 (元/千瓦时)
2月	−145.50	−0.0645	−0.041	0.103
3月	−189.45	−0.0645	−0.052	0.112
4月	−101.50	−0.0645	−0.043	0.116
5月	−45.00	−0.0645	−0.061	0.121
6月	−48.15	−0.0645	−0.042	0.123
7月	−115.00	−0.0645	−0.054	0.141
8月	−40.50	−0.0645	−0.061	0.142
9月	−42.60	−0.0645	−0.047	0.125
10月	−65.00	−0.0645	−0.042	0.116
11月	−37.00	−0.0645	−0.054	0.108
12月	−39.45	−0.0645	−0.053	0.105

表 8-5 售电公司购电量及用户实际用电量情况（单位：万千瓦时）

月 份	购电量	年度市场电量	月度市场电量	实际用电量	偏差电量	免考核电量	考核电量
2月	6300.00	5040.00	1260.00	6630.00	330.00	126.00	204.00
3月	7000.00	5600.00	1400.00	7020.00	20.00	140.00	0
4月	8225.00	6580.00	1645.00	8427.00	202.00	164.50	37.50
5月	9961.00	7968.80	1992.20	9502.00	**−459.00**	199.22	259.78
6月	9947.00	7957.60	1989.40	10072.12	125.12	198.94	0
7月	12049.24	9639.39	2409.85	12086.54	37.30	240.98	0
8月	14532.77	11626.22	2906.55	14890.99	358.22	290.66	67.56
9月	14042.98	11234.38	2808.60	13840.94	**−202.04**	280.86	0
10月	13226.92	10581.54	2645.38	13344.72	117.80	264.54	0
11月	10099.46	8079.57	2019.89	10478.17	378.71	201.99	176.72
12月	8550.01	6840.01	1710.00	8325.02	**−224.99**	171.00	53.99

从表 8-5 中可以看出，2017 年该售电公司共出现了 8 次正偏差和 3 次负偏差，其中，超过需要进行偏差电量考核的有 4 次正偏差和 2 次负偏差，正偏差电量考核包括 2 月、4 月、8 月和 11 月，负偏差考核包括 5 月和 12 月。

8.4.2 对比分析

本章重点研究的是可中断负荷合同与价差期权合同对正偏差电量考核的影响，因此只计算正偏差电量考核下的需求响应结果。首先，计算在不考虑需求响应前提下售电公司收益构成及收益走势情况，如图 8-4 所示。

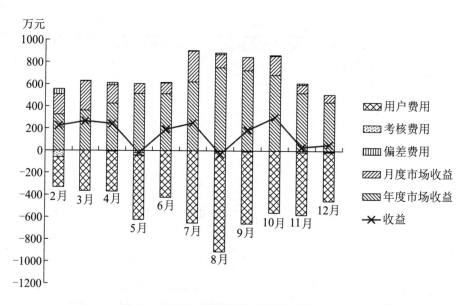

图 8-4 售电公司收益构成及收益走势情况

从图 8-4 中可以看出，售电公司在 2017 年的月收益构成中包括五个部分：年度市场收益、月度市场收益、偏差费用、考核费用和用户费用。其中，前两者的费用在月初就已经确定，影响收益的主要因素在于偏差费用、考核费用和用户费用。在 11 个月中，售电公司亏损的月份包括 5 月（-20.02 万元）、8 月（-30.71 万元）。通过计算可知，导致出现亏损的原因主要有两个方面，一个是偏差电量考核成本偏高，另一个是月度集中交易出清价绝对值偏低，具体如图 8-5 所示。

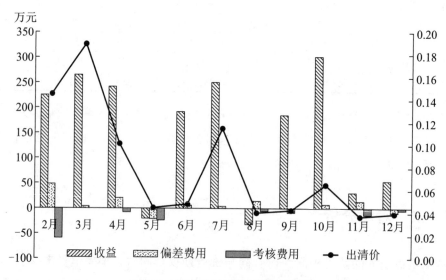

图 8-5 售电公司收益亏损原因分析

从图 8-5 中可以看出，售电公司收益的走势与出清价的走势基本吻合，说明出清价是影响售电公司收益的最主要因素。但是由于出清价的不可控性，售电公司需要从偏差考核费用角度来降低售电公司亏损。结合本章设计的可中断负荷合同和价差期权合同模型，根据正偏差电量考核月份，需要对 2 月、4 月、8 月和 11 月进行需求响应调整，计算结果表明仅 2 月和 4 月实施了可中断负荷合同，能够降低成本，具体调整结果如表 8-6 所示。

表 8-6 可中断调整结果

用户	是否响应可中断负荷	2 月			4 月		
		最优中断次数	中断电量（万千瓦时）	中断补偿费用（万元）	最优中断次数	中断电量（万千瓦时）	中断补偿费用（万元）
A	Y	5	50.00	5.15	1	10.00	1.03
B	Y	5	50.00	5.60	1	10.00	1.12
C	Y	5	50.00	5.80	2	20.00	2.32
D	N	0	0	0.00	0	0	0
E	N	0	0	0.00	0	0	0
F	N	0	0	0.00	0	0	0
G	N	0	0	0.00	0	0	0

由于只对 2 月和 4 月实施了可中断负荷合同和价差期权合同，其他各月结果没有变化，通过计算，得到 2 月和 4 月售电公司实际收益变化情况，具体如图 8-6 所示。

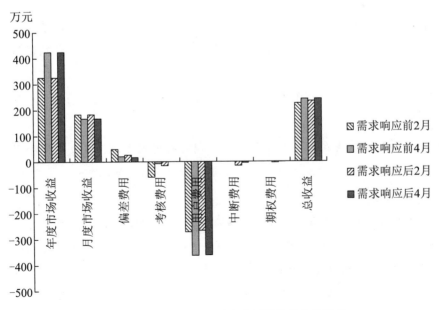

图 8-6 售电公司需求响应前后的收益变化情况

从图 8-6 中可以看出，实施需求响应后，2 月的考核费用从 59.36 降低到了 15.71 万元，但是同时增加了中断费用和期权费用 19.2 万元，最终的售电公司收益从 225.231 万元增加到了 233.999 万元；4 月的考核费用从 7.61 万元降为 0，同时增加了中断费用和期权费用 4.8 万元，最终售电公司的收益从 241.9 万元增加到了 245.35 万元。

综上所述，通过实施需求响应措施，确实能够降低售电公司的偏差考核费用，从而提高售电公司收益，本例中售电公司的年收入增加了 12.44 万元。通过观察计算结果发现，月度市场出清价、用户合同价差以及中断补偿费用都对售电公司决策以及收益构成较大影响，因此还需要对这三个参数进行敏感性分析。

即测即练题

案例讨论 >>>

偏差考核威力究竟有多大

什么是偏差考核？针对电量偏差制定的考核规则及惩罚措施可以叫做偏差考核——在电力交易市场开启之前，各省主管部门均针对最终电量结算结果产生的用电偏差制定了相应的考核和惩罚规则，而由于用户（售电公司）侧原因（买多用少、买少用多）产生的偏差电量将在交易结算后由电力交易中心考核并公布相应的惩罚结果。

由于电力中长期交易合同电量均为计划值，产生偏差属于必然现象。由于各地开展集中竞价情况不同电力交易偏差考核是把双刃剑，运用得好，它能帮你斩杀绝大部分同行，一马当先；把控不好，它将使你损失惨重，黯然退场。根据广东电力交易规则，2017 年执行月结月清，±2% 以外的电量，按月竞统一出清价格绝对值的 2 倍考核。

2018 贵州长协交易在即，贵州电力中长期交易规则发布，在发电侧和用户侧实行偏差考核，3% 以内的少发、少用电量免于支付偏差考核费用。

规则中明确：

市场电力用户、售电公司实际用电量超过其合同电量时，按其合同加权平均价结算总合同电量，超用电量按上调服务的加权平均价结算（系统未调用上调服务时，按月度集中竞价交易的最高成交价算）。

市场电力用户、售电公司实际用电量小于其合同电量时，按其合同加权平均价结算实际用电量。3% 以内的少用电量免于支付偏差考核费用，3% 以外的少用电量按系统下调电量的补偿单价支付偏差考核费用（系统未调用下调服务时，按其合同加权价的 10% 支付偏差考核费用）。

规则大家都知道，但偏差考核实际威力究竟有多大，很多人并没有明确的概念。下面用模拟值为大家来具体说明：

以 110kV，交易电价较目录电价下调 0.03 元/千瓦时，购电量 1 亿千瓦时

考核偏差：3%

上调服务的加权平均价：0.3516

下调电量补偿单价：0.03337

综上所述，当企业偏差小于 -3%，每 1 万度电，偏差结算需赔付 333.7 元；偏差小于 -48.93% 偏差考核高达 150 多万元。

11 月 10 日，贵州发布关于提前做好 2018 年年度双边协商交易准备工作的通知；通知称，预计在 2017 年 12 月 20 日前结束交易申报。

电力负荷具有复杂性、分散性、随机性等特点，要做好负荷预测，绝非易事，订单量变化、机器运行稳定性、设备故障检修、气候变化、突发意外。因为不容易，就更需要花时间精力去做好。有专业团队最好，收集数据、分析、测算、建模等。需要多跟客户沟通，了解客户行业生产特性，客户实际情况，分析企业申报习惯，调动客户重视申报，尽可能保证每一个客户准确性，进而把控总盘稳定性。

问题 1：对于售电公司而言，为什么说电力偏差考核是一把"双刃剑"？

问题 2：为什么说想要减少电力偏差考核带来的影响，需要多和客户交流，了解客户行业的生产特性？

案例分析思路

第 9 章

电力市场风险控制策略

学习目标 >>>

1. 通过引导案例认识到电力市场风险控制的重要性和必要性；
2. 了解风险控制理论，对风险发生的因素有明确的认知；
3. 全面理解电力市场风险控制策略；
4. 熟悉和掌握电力市场风险控制的常用方法。

引导案例 >>>

新能源接入和极端天气导致电力市场风险日益增强

2022年1月30日，国家发展改革委、国家能源局发布的《关于完善能源绿色低碳转型体制机制和政策措施的意见》（发改能源〔2022〕206号）提出，推动构建以清洁低碳能源为主体的能源供应体系和健全适应新型电力系统的市场机制。

此外，伴随着全球气候变化和能源转型的加速，世界范围内电力市场中各类事件接连不断。2022年3月25日，欧盟成员国领导人围绕如何应对能源价格持续上涨在比利时布鲁塞尔展开激辩，但仍未能拿出统一对策。在此之前，2021年2月8日至20日，美国得州经历了连续极端低温天气诱发的大停电事故，被迫执行的负荷轮停达到2000万千瓦以上。这是美国历史上规模最大的人工停电事件，电力市场也由此受到很大冲击。此外，美国加州、澳大利亚南澳州等地也发生过电力市场事故。由于在能源绿色低碳转型背景之下快速发展的风力发电、光伏发电等出力具有极强的不确定性，传统的电力市场设计方案难再适用，使电力市场面临多重风险。

风险控制理论

风险控制指的是风险管理者采取一些措施或者方法，消灭或者减少风险事件发生的各种可能性，减少风险事件发生时造成的损失。

9.1.1 风险发生的因素

要进行风险控制，首先要了解风险发生的因素，即风险源。具体来说主要包括以下4个方面。

1. 技术水平

对于承包商来说，其施工的技术水平直接决定了风险发生的可能性大小，同时也决定了整个工程的造价。例如，一些施工企业的资质是刚申请的，施工的技术水平还不是很高，现场的管理经验还不是很成熟，导致在具体的现场施工过程中，一些人员并不能正确处理经济与技术的关系，增加了技术发生的可能性。

另外，因为技术水平的限制，对现场及环境的了解程度低，施工企业并不能选用最优方案，也是建设过程中经常出现的问题。

2. 人为因素

人为因素是影响风险控制的最主要因素，尤其是项目经理，起着决策和调控的作用。但是，每个人受教育程度不同，对事情的认知也是不同的，故其管理水平也是有差异的，这些都会直接或间接地影响到决策水平的高低，从而导致了一定程度的风险。

3. 不可抗力

任何的工程项目都会受到不可抗力的影响，而多数的风险还是不可预见的，一旦发生，都会造成非常严重的不利影响，从而间接地提高了工程造价的风险。

4. 环境因素

环境分为自然环境和社会环境。对于自然环境，主要是指项目所在地现场的施工环境，例如地下水位、周边土质情况等，这些是由自然条件决定的，并不会随意的变动，自然环境的好坏也是重要的风险因素之一。

9.1.2 风险的特点

1. 复杂性

一般大型项目涉及多个参与方,周期长且规模大,因此也增加了各种风险发生的可能性,建设过程中容易突发各种情况,例如,工人罢工、材料供应不及时、各种自然灾害等。

2. 可变性

工程项目在建设过程中,设计方依据业主方提供的资料进行设计,有时因为外界条件的变化,原本存在的风险得到了消除,但有时也会增加原本未预料到的风险,这也就是说风险是可变的。

3. 全程性

有的项目在实施过程中,不利的风险因素会随时发生,一直持续到项目完工为止,且在整个建设周期中,每时每刻都存在风险发生的可能性。

4. 被动性

项目建设过程中,每种不利的风险因素都不是只有在某种情况下才会发生,影响事故发生的因素很多,且随时都在变化,一些事故在预想不到的情况下经常发生,这使得风险管理者处于被动的局面,所以在某种程度上,风险具有被动性的特点。

9.1.3 风险的等级划分

风险根据其发生的可能性分为不同的等级,比较通用的是 LEC 分析法,其根据 D 值将风险划分为 5 类:1(稍有风险)、2(一般风险)、3(显著风险)、4(高度风险)、5(极其危险)。具体见表 9-1。

表 9-1 风险等级分类

风险等级	轻度损失	中度损失	重大损失
很大	3	4	5
中等	2	3	4
很小	1	2	3

其中,1、2 为低度风险,3、4、5 为重大风险。

9.2 风险控制常用方法

风险控制的方法主要包括风险回避、损失控制、风险转移、风险保留四种。下面就对四种风险控制方式进行详细阐述。

9.2.1 风险回避

风险回避指的是考虑影响预定目标达成的诸多风险因素，结合决策者自身的风险偏好性和风险承受能力，从而作出的中止、放弃或调整、改变某种决策方案风险处理方式。管理者有意识地放弃风险行为，完全避免特定的损失风险，这是电力安全管理最重要的手段。在电力生产运输的过程中要最大可能的规避风险的产生，避免一切意外事故的发生，这是电力安全管理的基础。

9.2.2 损失控制

损失控制不是放弃风险，指的是制定计划和采取相应的措施降低损失的可能性，或者是减少风险发生后实际的损失。电力系统在运行过程中会产生一些安全问题，如输电线发生断线故障等，那么就要采取各种措施降低由于事故带来的损失，比如杜绝由于断线故障而引发的人员伤亡等问题的发生。

9.2.3 风险转移

风险转移是指通过合同或非合同的方式将风险转嫁给另一个人或单位的一种风险处理方式。风险转移是对风险造成损失应承担的转移。在国际货物买卖中具体是指原由卖方承担的货物风险在某个时候改归买方承担。在当事人没有约定的情况下，风险转移的主要问题是风险在何时由卖方转移给买方，在电力市场风险控制中有较多应用。

9.2.4 风险保留

风险保留是有计划的风险自留，也可以称之为自保。自保是一种重要的风险管理手段，它是风险管理者察觉到了风险的存在，估计到了该风险造成的期望损失，决定用其内部的资源（自有资金或借入资金）对损失加以弥补的措施。在有计划的风险自留中对损失的处理有许多种方法，有的会立即将其从现金流量中扣除，有的则将损失在较长的一段时间内进行分摊，以减轻对单个财务年度的冲击。

电力行业风险控制策略

电力的生产以及运输是一个集复杂与危险于一身的工作，这些危险可能导致人身安全受到伤害、电网设备出现事故等，这给电力系统的正常运转与发展带来了不小的负面影响，也不利于国民经济的发展，因此制定完善的电力行业风险控制策略是我国电力系统发展中必须面对的一个问题，这无论是对于维护电力系统的安全稳定运行，还是保障社会经济的飞速发展都具有积极意义。

9.3.1 科学分析风险原因

要实现供电过程中的安全风险控制，就应当首先明确当前存在的风险因素，从而有针对性地制定安全管理策略。通常情况下，供电企业管理人员可采用事故树分析法、仪表测试法、工作任务分析法、安全检查表法等方式来就供电过程中存在的风险因素进行分析，明确供电设备的危险源，并采用故障模式分析法来就供电设备的不同部件和供电过程中可能产生的故障类型、出现原因、影响等进行分析与确定，完成初步定性。之后，供电企业管理人员要对相应的危险源进行风险等级的划分，可综合运用仪器测量法、安全检查表法等进行划分。通常来说有一般、较大和重大这三个级别，然后依照不同的级别采取相应的措施。

9.3.2 成立风险规避领导小组

企业决策人员在进行投资时，没有充分考虑投资行为能够带给企业的经济效益，往往是由于企业对于市场的环境没有进行合理的考察。因此，电力企业在进行投资时，需要对市场环境有着充分的认识。例如，电力企业在财务管理上，若有企业投资的行为，可以成立相应的风险讨论小组，对电力企业即将进行的投资进行理性的分析，分别从目前国家的经济政策、法律规定以及市场竞争情况等方面进行研究。倘若电力投资行为达不到企业的预期目标，并不能带给企业实际的效益，则可以采取风险规避的方式，由讨论组对投资行为进行否决，放弃财务支出行为。通过这种方式避免风险的存在,从而达到控制风险的目的,但这种风险控制方式往往也会让企业失去潜在的收益,因此,企业讨论组需要结合多种因素进行权衡,避免造成电力企业的决策失误,如图9-1所示。

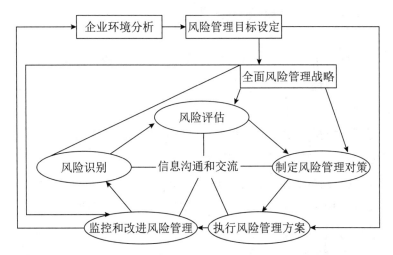

图9-1 风险规避领导小组职能框架

9.3.3 完善电力企业财务管理制度

损失控制作为一种风险控制的方法,主要通过事前、事中和事后对电力企业的管理制度进行完善达到控制风险的目的。例如,在电力工程开始之前,应该对企业的财务审批制度进行严格审查。审批的过程中需要对企业的各项财务支出进行规范化的检查,由于在电力施工的过程当中往往会由于管理问题而造成施工成本的增加,因此审批的过程当中需要考虑支出的力度。而对于执行不同任务的财务人员,在财务支出上电力企业需要让其对执行的任务进行确认,当出现超出支出费用的时候,能够及时利用确认手续得到法律的支持。

在对预算进行修改的时候,需要遵守企业内部决策流程,加强财务部门和施工部门沟通;在工程执行过程当中,应对电力企业的财务审计制度进行加强。具体的做法是,会计部门在进行审计的过程当中,由于内部审计的好坏将会影响到电力企业的财物安全,因此需要对电力工程当中的各种工程问题时刻进行检查和监管,严格按照审计制度执行审计工作,确保内审人员的工作得到落实,对影响工程造价的各项因素进行排查,降低施工的额外投资;完工以后,需要对电力工程当中的各种材料费、修理费等资金进行审核,为了避免验收工作当中出现审查资金不严格的情况,工程部门应该加强对验收工作的监督力度,对于财务部门进行资金转接过程当中，需要对电力工程的具体工作款项进行核查再签字，从而降低电力企业的财务风险。

9.3.4 电力企业信息集中化管理

电力企业信息的集中化管理指的是将电力企业的企业信息集中起来，使企业信息能够进行全面的传递，通过这种集中化的管理方式能够让电力系统的企业信息完整的在企业部门当中实现交流，企业内部的有关部门都能够及时了解电力企业信息的变化，从而可以根据企业外部环境的改变，让企业决策人员在得到更加完整、详细的财务信息基础上，作出正确的决策行为。

由于 ERP（Enterprise Resource Planning）信息系统逐渐应用在企业管理当中，电力企业可以通过 ERP 系统进行电力企业的管理工作，让即使是同一个公司的不同部门都能够进行电力企业数据的共享，使电力企业信息能及时的反馈到决策人员的讨论当中。ERP 系统能够让电力企业的资金、信息和业务等进行集中化和规范化的处理，财务数据能够进行实时的更新。如在电力施工过程当中，电力企业部门通过 ERP 信息系统可以同步掌握资金的流动情况和项目的完成情况，并且能对企业的电力企业信息数据进行全面的掌握，使电力企业信息能够实现集中化的管理，避免因电力企业信息偏差导致决策失误的现象发生。

9.3.5 建立风险预警机制和应急预案

供电过程中难免会出现安全风险问题，安全管理人员要从加强风险预警的角度尽可能避免发生风险安全问题。为实现有效的风险预警，管理人员不仅要通过经验总结常见的安全风险问题，针对性的制定解决措施，从源头处进行问题遏制，还要就新形势下常见的突发性安全风险事件的特点以及规律等进行全面深入的分析，提出相应的预警措施，制定完善有效的预警策略。管理人员也应当注重日常的供电管理，贯彻经验管理技术的同时，实现管理新技术的引进，优化管理水平。由于供电设备是保证供电水平的基础，管理人员应当注重对设备的日常维护保养，并在供电设备出现故障时，有计划地进行设备检修，避免故障扩大后造成的供电中断，或者造成人身事故。此外，管理人员在日常管理工作中，也应当定期的排查与治理供电全过程的安全隐患，并将重点放在供电系统遭受到的外力破坏方面。

在供电安全管理工作中，实现事前预警措施的应用十分必要，但其并不能保证供电过程中不出现安全问题。所以在供电管理过程中，还应当在风险安全事故发生的当下及时快速地处理，减少安全风险问题造成的损失。首先，供电企业应建立应急管理组织机构，并要求该机构的领导科学的完成应急管理工作，制定应急制度，对组织内部人员进行分工，划分管理应急工作的具体责任。其次，为保证应急预案在突发事件中能发挥作用，管理人员还应当积极组织开展应急预案培训与演练，并准备好应急物资且做好日常检查。应急预案培训与演练的开展主要是为了提高安全问题处理人员的突发事件处置能力，所以在训练过程中，应当精细到应急处置方案应用、应急启动条件辨别、应急执行过程等多方面，切实提高管理人员的应急处置能力。

9.3.6 充分利用灵活性资源

储能装置可以通过削峰填谷解决风、光出力高峰与负荷高峰错配的难题，其中响应速度较快的电化学储能可以提供调频服务缓解新能源波动导致的频率不稳定性，进而从多个不同时间尺度上规避电力不平衡风险。需求响应资源则可以在新能源出力降低或电力批发市场价格升高时，改变电力用户的习惯性用电模式，减少或者推移某时段的用电负荷，对电力供应作出响应，从而保障电力实时平衡。电力市场环境下，电力用户可以采用基于价格的需求响应，根据接收到的电价信号调整其电力需求，主要包括分时电价、实时电价和尖峰电价等。此外，还可考虑基于综合能源系统，将天然气、热力、氢能与新能源发电设备进行有机整合，统筹安排不同形式能量的生产、利用与转换，在降低新能源发电出力波动风险的同时，获得合理的能源利用效率与经济效益。

在高比例新能源电力市场中，为了充分利用各类灵活性资源的潜在价值，需要建设有效的电力辅助服务市场机制。2022年1月18日国家发展改革委、国家能源局发布的《关于加快建设全国统一电力市场体系的指导意见》提出，要持续完善电力辅助服务市场，推动电力辅助服务市场更好地体现灵活调节性资源的市场价值，建立健全调频、备用等辅助服务市场，探索用户可调节负荷参与辅助服务交易，推动源网荷储一体化建设和多能互补协调运营，完善成本分摊和收益共享机制。

9.3.7 建立电力金融市场

在可再生能源大规模接入的背景下，电力现货市场价格往往剧烈波动。电力市场成员迫切需要可以管理电价波动风险的金融工具，同时也希望能够掌握未来购售电价的变化范围，以合理安排购售电计划。电力金融产品即为具有这种风险管控功能的工具之一。

2015年3月15日,中共中央、国务院发布的《关于进一步深化电力体制改革的若干意见》提出,条件成熟时,探索开展容量市场、电力期货和衍生品等交易,并探索在全国建立统一的电力期货、衍生品市场。2021年4月19日,广州期货交易所经中国证监会批准成立,并计划研发电力期货产品,帮助电力交易主体规避电价风险,并促进港粤澳大湾区和我国的绿色金融发展。具体来讲,最常见的标准化电力金融产品是电力期货和电力期权,这些电力金融衍生品都基于商品或金融期货和期权的概念发展而来。

其中,电力期货是指以特定价格进行买卖,在将来某一特定时间开始交割,并在特定时间段内交割完毕,以电力期货合约形式进行交易的电力商品。电力期权则是一种选择权,其交易实质是对于电力商品使用权的买卖。它赋予了持有者在某一确定的时间以某个确定的价格交易电力相关标的的权利。电力期权分为看跌期权和看涨期权,欧式期权和美式期权。电力期权的标的物可以是电力现货和电力期货。由于电力网络及系统特有的复杂性,各个物理节点间供需不平衡导致整个网络中电力价格存在差异,难以形成统一的电力价格而不利于电力期货市场的发展。为解决此问题,美国PJM电力市场在所管辖的电网建立了若干交易中心节点,对应相关多个实际物理节点。该中心节点的电价是这些节点边际电价(locational marginal price,LMP)的加权平均,即中心节点的LMP是PJM电力市场的电价指数,基于中心节点的LMP可开发出各类电力金融衍生品。

在美国洲际交易所(Intercontinental Exchange,ICE)可以购买到美国7大区域电力市场的165种电力期货产品和15种电力期权产品。另外,在LMP定价机制下,针对电力系统网络阻塞和损耗所引起的电价风险,美国电力市场还设计了一个金融工具——金融输电权(financial transmission rights,FTR),其最终价值取决于日前电力市场中相应定价节点的LMP。在美国,FTR交易场所一般由一级市场和二级市场组成。在一级市场中,独立系统运营商将电网全部FTR向市场参与者出售,其拍卖容量主要由可用输电容量(available transfer capacity,ATC)决定;在二级市场中,市场参与者可以根据自身风险偏好和对日前市场LMP的预测,将一级市场购买的FTR进行自由买卖。FTR的概念最早于1992年正式提出,已成为现代电力市场中极具特色的电力金融衍生品。截至目前,美国CAISO、MISO等7大独立系统运营商都已先后投运了FTR市场。

9.3.8 探索电力市场风险管理思路

由于我国电力市场所面临的宏观政治经济环境、改革目标和路径、体制机制等与国外电力市场有所不同，所以电力市场所面临的风险类型和程度等与国外也存在较大差异。需在充分借鉴国外电力市场风险管理经验的基础上，研究适合我国国情的风险管理措施。根据对电力市场风险着眼点的不同，有的学者将电力市场风险划分为市场力风险、缺电风险、电价风险、信息风险、系统风险、电力市场规则的缺陷及法律方面的风险；有的学者将电力市场中的风险分为缺电风险、电力投资风险、电力定价风险、发电侧市场力风险、电网安全运行风险、负荷预测风险、用户欠费风险等七类。结合我国电力市场改革的实际情况，对电力市场风险划分为整体上将风险分为内部风险和外部风险。内部风险又可分为违约风险、市场力风险、新能源发电风险、电力负荷风险、交易风险、监管风险、电网安全风险、运营合规风险等；外部风险可分为能源危机风险、自然风险、社会风险、经济风险等。

针对市场成员建立从入场到离场的全过程，违约风险控制策略包括市场准入机制、违约风险量化与监控、违约处置机制等环节，具体措施为对市场成员准入资质的审核等定性分析和信用评级、履约保函制度等定量分析。

电力市场风险防范方法可以归纳为风险点识别、风险程度评估、风险逻辑推演、风险法规化处置四个阶段。需要建立风险监测指标体系，并在异常数据达到判定阈值时发布黄色预警。应对新能源发电风险的手段包括建立储能参与电力市场的相关机制和完善辅助服务市场机制等。通过引入需求响应和允许电动汽车参与电力市场等，可有效防范疏导电力负荷风险。应对交易风险的方法包括引入科学的交易机制设计理论与方法和做好负荷预测、电价预测和新能源出力预测等。应对监管风险的方法主要是健全监管机构的职能并完善相应的监管制度。

应对电网安全风险的方法主要是强化市场化交易与传统电力安全管理的协同，深入研究和认识电力市场交易对电网安全的影响。合规风险是指企业违反相关法律法规所导致的制裁、处罚、财产损失和声誉损失风险。电力交易合规风险防控主要包括改革环节、交易环节和管理环节。其中改革环节涉及制度建设、机制设计和市场准入，交易环节涉及交易组织、交易行为、输配电费、交易执行和交易结算，管理环节涉及信息管理、舆情管理和技术支持等。外部风险涉及国际国内方方面面的关系，影响因素众多，情况十分复杂，决策者需提高战略思维能力，处理好整体和局部、政府和市场等关系，系统设计，多管齐下。

案例讨论 >>>

美国加州大面积停电事件

从近些年来电力市场风险事件对电力系统和国民经济造成的重大损失中,可以理解电力市场风险管理的重要性。2020年8月,受极端高温天气和高渗透率光伏电源接入的影响,美国加州电力系统独立运营商20年来首次处于三级紧急状态,超过40万家企业与家庭的电力供应一度中断。电力供需紧张导致加州每立方米天然气价格3天内上涨2.19美元,约为平时价格的一倍,并迅速影响到电力现货市场,导致其尖峰电价最高达1000美元/兆瓦时。2021年2月中旬,美国得克萨斯州经历了一次极端寒潮,用电需求攀升加上风力发电和火力发电的减少,造成得州约有400万家庭在严寒中失去了电力供应,得州电力市场批发电价一度突破了1万美元/兆瓦时,按当时汇率计算电价约为人民币65元/千瓦时。受高额批发电价影响,得州最大、建立时间最长的电力合作公司——布拉索斯电力合作公司,欠下了18亿美元的电力采购账单,并最终因无力偿债而递交了破产申请。有分析认为,此次风险事件发生的一部分原因是其电力系统的低碳化发展,因为得州近年来风电装机占比从2006年的2%提高到目前的23%,而天然气发电、燃煤发电等调节性能较好的稳定电源占比则从83%降低到64%。

案例分析

问题:请分析此次事故产生的原因。

参考文献

[1] 陈皓勇，肖东亮，尚金成，等．能源绿色低碳转型背景下的电力市场风险管理[J].中国电力企业管理，2022（13）：50-53.

[2] 高政南，周飞航，葛根塔娜，等．多维电力市场风险综合评价研究[J].电力需求侧管理，2021，23（6）：26-30.

[3] 何川，胡昊，张亚海，等．基于电力零售公司风险因素的电力市场运营风险优化[J].供用电，2021，38（10）：89-96.

[4] 吴颖．风险控制方法在电力系统财务管理中的应用分析[J].企业改革与管理，2017（13）：176+179.

[5] 喻小宝，郑丹丹，杨康，等．"双碳"目标下能源电力行业的机遇与挑战[J].华电技术，2021，43（6）：21-32.

[6] 马佳乐，谭忠富，喻小宝，等．计及实时电量交易的售电公司日偏差电量考核优化模型[J].电力建设，2019，40（2）：11-19.

[7] 喻小宝，谭忠富，马佳乐，等．计及需求响应的售电公司正偏差电量考核优化模型[J].电力系统自动化，2019，43（7）：120-128.

[9] 吴泷．A电力公司财务风险控制评价研究[D].南昌：南昌大学，2021.

[10] 吕良平．基于风险控制理论的市政工程造价管理研究[D].南昌：南昌大学，2019.

[11] 周建芳．风险控制理论和风险评估下的电力安全管理策略探讨[J].中国新通信，2017，19（22）：135.

[12] 何璞玉，喻小宝，杜英，等．改进ELECTRE-Ⅲ算法在省级电网效益与效率综合评估中的应用研究[J].智慧电力，2018，46（8）：52-59.

[13] 王强，谭忠富，谭清坤，等．节能目标下的节能服务公司选择策略[J].生态

经济，2018，34（7）：61-67.

[14] 王强，谭忠富，谭清坤，等. 基于优惠价格的绿色电力证书交易模型 [J]. 中国电力，2018，51（6）：172-177.

[15] 喻小宝. 电力市场环境下售电公司购售电交易优化模型研究 [D]. 北京：华北电力大学，2018.

[16] 谭忠富，王冠，李鹏，等. 市场环境下的售电商合作博弈研究 [J]. 中国电力，2017，50（4）：45-51.

[17] 陈皓勇，肖东亮，尚金成，等. 能源绿色低碳转型背景下的电力市场风险管理 [J]. 中国电力企业管理，2022（13）：50-53.

[18] 杨波，汤文成，吴福保，等. 考虑 CVaR 的"新能源＋储能"电厂日前市场投标策略 [J]. 电力系统保护与控制，2022，50（9）：93-100.

[19] 唐成鹏，张粒子，邓晖，等. 考虑风险管理的电力市场多时段均衡分析方法 [J]. 电力系统自动化，2022，46（10）：171-180.

[20] 叶泽. 中长期市场交易合同的价格风险管理及政策建议——对 2021 年年度交易合同改签换签的反思 [J]. 中国电力企业管理，2022（4）：40-45.

[21] 张潮，彭文兵，黄书旭. 电力现货市场下基于电价互换的不平衡费用风险管理策略 [J]. 南方电网技术，2021，15（12）：36-44.

[22] 林新，徐宏，朱策，等. 电力市场合规管理建设探究 [J]. 电网技术，2022，46（1）：28-38.

[23] 谢敬东，黄溪滢，卢浩哲，等. 电力市场中市场力风险防范方法的研究 [J]. 价格理论与实践，2020（12）：49-53+162.

[24] 韩冬，何宇婷，何红玉，等. 基于金融输电权和金融储能权混合拍卖的电力市场风险管理模型 [J]. 电网技术，2021，45（8）：3219-3229.

[25] 肖云鹏，关玉衡，张兰，等. 集中式电力现货市场风险规避机制机理分析及建设路径 [J]. 电网技术，2021，45（10）：3981-3991.

[26] 肖谦，杨再敏，杨悦勇，等. 国外电力差价合约模式及其启示 [J]. 广东电力，2020，33（2）：27-34.

[27] 李洋. 大数据在电力市场主体信用风险管理中的应用 [J]. 中国电力企业管理，2020（3）：50-51.

[28] 王璟，售电侧放开的电力市场交易体系压力测试和风险控制研究及应用. 河南省，国网河南省电力公司经济技术研究院，2017-02-17.

[29] 喻小宝，谭清坤，李鹏，等. 售电侧放开的电力市场阶段划分及特征分析 [J]. 企业改革与管理，2016（15）：193-194.

[30] 韩冬，黄微，严正. 基于深度强化学习的电力市场虚拟投标策略 [J]. 中国电机工程学报，2022，42（4）：1443-1455.

[31] 李凌昊，邱晓燕，张浩禹，等. 电力市场下的虚拟电厂风险厌恶模型与利益分配方法 [J]. 电力建设，2021，42（1）：67-75.

[32] 喻小宝，张玮，谭忠富，等. 考虑环境差异性的配电网技术效率评估 [J]. 电力建设，2016，37（7）：112-118.

[33] 喻小宝，谭忠富. 改进霍尔三维视角下智能电网差异化评价研究 [J]. 现代电力，2015，32（4）：42-48.

[34] 喻小宝，郑丹丹. 动力学视角下电力行业碳减排反馈机制研究 [J]. 上海电力大学学报，2020，36（6）：603-612.

[35] 喻小宝，郑丹丹. 区块链技术在能源电力领域的应用及展望 [J]. 华电技术，2020，42（8）：17-23.

[36] 喻小宝，谭忠富，屈高强. 基于电力客户评估的差异化电价套餐研究 [J]. 中国电力，2020，53（2）：9-19.

[37] 李佳宇，喻小宝，谭忠富. 考虑潜变量的配电网建设效率优化路径分析 [J]. 数学的实践与认识，2019，49（4）：129-138.

[38] 喻小宝，谭忠富，屈高强. 基于能源互联网的电力商业模式及关键技术研究 [J]. 智慧电力，2019，47（2）：9-14+36.

[39] Najmeh Bazmohammadia, Ahmadreza Tahsiria, Amjad Anvari-Moghaddam. A hierarchical energy management strategy for interconnected microgrids considering uncertainty[J]. Electrical Power and Energy Systems，2019，（109）：597-608.

[40] Mostafa Vahedipour-Dahraie, Homa Rashidizadeh-Kermani, Hamid Reza Najafi. Stochastic security and risk-constrained scheduling for an autonomous microgrid with demand response and renewable energy resources[J]. The Institution of Engineering and Technology，2017，11（14）：1812-1821.

[41] Majid Majidia, Behnam Mohammadi-Ivatlooa, Amjad Anvari-Moghaddam. Optimal robust operation of combined heat and power systems with demand response programs[J]. Applied Thermal Engineering，2019，（149）：1359-1369.

[42] ROCKAFELLAR R T, URYASEV S. Conditional value-at-risk for general loss distributions[J]. Journal of Banking and Finance，2002，26（7）：1443-1471.

[43] Ju, Liwei; Tan, Zhongfu; Yuan, Jinyun. A bi-level stochastic scheduling optimization model for a virtual power plant connected to a wind-photovoltaic-energy storage system considering the uncertainty and demand response. APPLIED ENERGY,

171：184-199.

[44] Ju，Liwei；Tan，Zhongfu；Li，Huanhuan；et al. Multi-objective operation optimization and evaluation model for CCHP and renewable energy based hybrid energy system driven by distributed energy resources in China. ENERGY，111：322-340.

[45] Amjad Anvari-Moghaddam，Josep M. Guerrero，et al. Efficient energy management for a grid-tied residential microgrid[J]. The Institution of Engineering and Technology，2017，11（11）：2752-2761.

[46] Najmeh Bazmohammadi，Ahmadreza Tahsiri，Amjad Anvari-Moghaddam，et al. Optimal operation management of a regional network of microgrids based on chanceconstrained model predictive control[J]. The Institution of Engineering and Technology，2018，12（15）：3772-3779.

[47] Hooman Khaloie，Amir Abdollahi，Miadreza Shafie-Khah，et al. Co-optimized bidding strategy of an integrated wind-thermal-photovoltaic system in deregulated electricity market under uncertainties[J]. Journal of Cleaner Production，2020，（242）.

[48] Hossein Nami，Ahmad Arabkoohsar，Amjad Anvari-Moghaddam. Thermodynamic and sustainability analysis of a municipal waste-driven combined cooling，heating and power（CCHP）plant[J]. Energy Conversion and Management，2019（201）.

[49] Mostafa Vahedipour-Dahraie，Homa Rashidizadeh-Kermani，Amjad Anvari-Moghaddam. Risk-Constrained Stochastic Scheduling of a Grid-Connected Hybrid Microgrid with Variable Wind Power Generation[J]. Electronics，2019，8（577）.

教师服务

感谢您选用清华大学出版社的教材！为了更好地服务教学，我们为授课教师提供本书的教学辅助资源，以及本学科重点教材信息。请您扫码获取。

» 教辅获取

本书教辅资源，授课教师扫码获取

» 样书赠送

企业管理类重点教材，教师扫码获取样书

 清华大学出版社

E-mail：tupfuwu@163.com
电话：010-83470332 / 83470142
地址：北京市海淀区双清路学研大厦 B 座 509

网址：http://www.tup.com.cn/
传真：8610-83470107
邮编：100084